net.com.classe

CLAUDIA MATARAZZO

net.com.classe

UM GUIA PARA SER VIRTUALMENTE ELEGANTE

MELHORAMENTOS

Dados Internacionais de Catalogação da Publicação (CIP)
(Câmara Brasileira do Livro, SP, Brasil

Matarazzo, Claudia
Net.com.classe/Claudia Matarazzo. –
São Paulo: Companhia Melhoramentos, 1999.

ISBN: 85-06-03131-1

1. Comportamento humano 2. Conduta de vida
3. Etiqueta 4. Internet (rede de computadores)
5. Relações interpessoais I. Título

99-4243   CDD-395.5

Índices para catálogo sistemático:
1. Etiqueta e Internet: Relacionamentos interpessoais 395.5
2. Internet e etiqueta: Comportamento social na rede 395.5

Apoio técnico: Edilson Cazeloto

Capa: Roberto Weigand

Ilustrações e projeto gráfico: Roberto Weigand

Diagramação: Enelito Pereira da Cruz Junior

Atendimento ao consumidor:

Caixa Postal 2547 – CEP 01065-970 –
São Paulo – SP – Brasil

Edição: 5 4 3 2 1

Ano: 2002 01 00 99

ISBN: 85-06-03131-1

Impresso no Brasil

DO PINHEIRO AO LIVRO, UMA REALIZAÇÃO MELHORAMENTOS

Para meus pais: Teresa e Giannandrea
que sempre acompanharam qualquer
mudança com admirável rapidez e um
jogo de cintura de dar inveja.

E para Lourdinha
que atravessou o século incorporando o
progresso apenas como mais um apêndice
que, eventualmente, enriquece seu
enorme coração.

Sumário

Meu tio-avô Ciccillo nasceu em 1890, perto da virada do século. Viveu quase 90 anos, em um período fascinante, de intensas evoluções e revoluções, experimentando todos os benefícios e confortos da modernidade, ao mesmo tempo em que desfrutava a experiência e a sabedoria adquiridas ao longo de décadas, no mínimo belíssimas, da história da humanidade.

Tio Ciccillo sempre esteve à frente de seu tempo, os olhos e o pensamento voltados para o futuro. Nós, os sobrinhos e jovens amigos com os quais ele adorava se reunir, sempre achávamos uma graça louca quando, brandindo a bengala com a mão esquerda, ele começava a enumerar as maravilhas que o mundo moderno nos reservava para o futuro:

"Vocês poderão pegar um ônibus para a Lua. Ir e voltar em um fim de semana".

Essa declaração, em especial, me encantava e divertia muito. Em 1979, com dezoito anos de idade, parecia-me possível, sim, passear na Lua. No entanto, duvidava de que o momento chegasse tão cedo. Pois chegou. Assim como chegaram tantas outras previsões de meu tio que mais pareciam fantasias de um velho visionário e otimista, querendo distrair a sobrinhada.

Hoje, já no século XXI, espanta-me a rapidez e facilidade com que acabamos incorporando a nossas vidas todas as novidades tecnológicas que, há apenas vinte anos, eram concebidas como elementos de filmes de ficção científica.

Lembro-me especialmente de uma conversa com meu tio, na qual ele previa a comunicação imediata por meio de som e imagem com pessoas em qualquer canto do mundo:

"Bastará apertar um botão para ver a outra pessoa em uma tela em sua sala. E então, vai ser possível conversar com mais de uma pessoa em diferentes países, ali, da nossa poltrona. E viajar no espaço, sem medida de tempo, alcançando outras culturas, outras pessoas, como se estivéssemos na casa deles. Já pensou que farra? Fazer contatos a qualquer hora do dia ou da noite e sentir-se pertinho de qualquer ponto do mundo?"

Ele se deixava levar por essas elucubrações futuristas com o mesmo entusiasmo de um garoto com seu primeiro carrinho de brinquedo. É pena que não tenha vivido para ver sua previsão acontecer de forma a suplantar tudo o que pudesse ter imaginado. E, se estivesse por aqui, até mesmo ele, tao pronto para assimilar mudanças, teria se surpreendido com a rapidez com que elas ocorreram.

Os computadores, que na década de 70 ainda eram um privilégio de empresas e instituições científicas, hoje invadiram nossas casas e vidas tornando-se (quase) indispensáveis para um maior rendimento profissional e melhor qualidade de vida. A Internet, em poucos anos, tornou-se uma comunidade poderosa. Hoje, não há quem não concorde: é a maior (re)evolução do século XX.

No entanto, essa mesma agilidade que nos encanta quando pensamos nas inúmeras vantagens da rede não nos permitiu ainda parar para refletir sobre as melhores formas de usar todos os seus recursos.

Será possível ser elegante no mundo virtual? É importante ser cortês, ainda que protegidos pelo anonimato de nomes de fantasia? Qual a utilidade prática da boa educação em um mundo no qual, cada vez mais, se valoriza a rapidez da informação, a quantidade de dados armazenados e os efeitos especiais?

Ora, hoje, ao lembrar das conversas tidas há mais de vinte anos com meu tio, freqüentemente consultada sobre comportamento e etiqueta, confesso que muitas vezes embatuquei diante da revolução causada pela Internet no que se refere às relações interpessoais. Agilidade, informalidade, informação e globalização são palavras de ordem. É claro que grandes avanços aconteceram. No entanto, um dos maiores desafios de quem utiliza a rede é justamente desfrutar de seus benefícios e, ainda assim, preservar a intimidade, proteger-se de invasões pessoais e profissionais e – por que não – conseguir ser tão elegante no mundo virtual quanto no real.

Pessoalmente, há momentos em que acho extremamente difícil acompanhar todas as novidades das telecomunicações. Aliás, por ser uma pessoa muito pouco científica, para mim é quase impossível compreender como funcionam *de fato* todas essas coisas. De nada adianta alguém, munido de toda a paciência do mundo, tentar me explicar as ondas magnéticas, os bits e os bytes. Minha pobre e limitada capacidade de compreensão aceita com alegria todas essas coisas. Porém, eu as recebo mais como uma espécie de magia do que como um processo em etapas, que depende do talento e engenho dos homens para funcionar concretamente.

Mas, magia ou não, realidade virtual ou metafísica, minha principal preocupação não é conectar homens e máquinas, mas sim melhorar seu relacionamento. Aliás, este talvez venha a ser um dos grandes trunfos do novo século: a capacidade de comportar-se adequadamente nas conexões, – quaisquer que sejam elas; a comunicação fácil e elegante em qualquer ambiente, virtual ou não. Quem dominar essa técnica provavelmente terá muitas chances de viver melhor e render mais em um mundo que valoriza a comunicação sob todos os seus aspectos e veículos.

Em vez de se propor a ensinar como fazê-lo, este livro pretende na verdade despertar uma primeira reflexão sobre o assunto. Trata-se de um terreno completamente novo e, por isso mesmo, o desafio é muito estimulante.

O objetivo
fundamental das
redes é integrar
as mentes humanas
e torná-las livres.

De todas as inovações trazidas pelos computadores ao nosso dia-a-dia, talvez a mais significativa – embora tenha chegado de maneira muito discreta e subliminar – seja a da linguagem.

Aos poucos, surge uma nova língua, um esperanto tecnológico ainda dominado por poucos, mas que, a cada dia, se torna mais necessário para a compreensão do mundo real e virtual. Mistura de inglês, abreviaturas, gírias e termos técnicos, o "computês" já está em nosso cotidiano e, muitas vezes, incorporamos as expressões desse dialeto da aldeia global mesmo sem perceber.

***Netiqueta* é um desses novos termos. Net-etiqueta – um código de comportamento para relacionamentos na rede. A palavra surge para realçar uma realidade óbvia: a de que duas ou mais pessoas, mesmo em um ambiente virtual, precisam ter alguns parâmetros de comportamento comuns para que a comunicação possa ser mais eficiente e agradável.**

Mas se a etiqueta tradicional demorou séculos para se firmar, será que não é muito cedo para se falar em "netiqueta"?

Certo: o comportamento na rede

ainda está se desenvolvendo e, por ora, não se pode falar em tradição. Mas é possível (e necessário) observar uma série de atitudes que já estão sendo colocadas em prática e têm sido bem aceitas pela comunidade virtual. É possível também adequar parâmetros da etiqueta tradicional para o contexto da grande rede, formatando-os para as características desse novo ambiente. Afinal, respeito, gentileza, bom senso e outros princípios básicos da etiqueta só existem porque são o objetivo de boa parte das pessoas, não importa quais as particularidades dos meios.

Outro aspecto que deve ser levado em consideração é o uso que se faz da rede. Nela, conhecemos pessoas, trocamos informações, convivemos entre amigos e, cada vez mais, fazemos negócios. Certamente o comportamento de quem está na rede para bater papo não deve ser o mesmo que o de quem a usa como instrumento de trabalho. Na Internet convergem dois ramos da etiqueta – a social e a profissional –, que, apesar de estruturalmente serem regidos pelos mesmos princípios, tradicionalmente são tratados de forma diversa.

Netiqueta, em resumo, é isso: um código de comportamento para que se possa navegar pela Internet como um almirante inglês, e não como um pirata da perna de pau.

O quê? Você usa tão pouco a rede que acha que não é preciso se preocupar com esse tipo de detalhe? Engano seu!

Cair na rede sem o conhecimento mínimo de como funcionam seus códigos de ética e relacionamento é a mesma coisa que comparecer a uma festa no Palácio do Planalto sem se preocupar com o roteiro do evento ou o cerimonial.

Certo, não vamos ao Palácio do Planalto todos os dias, mas, se porventura nos encontrarmos ali – nem que seja apenas uma vez na vida –, haverá um bom motivo para tal. E, para que a visita renda o máximo, sem grandes percalços, é bom estar bem informado sobre como pensam, agem e reagem as pessoas que o freqüentam.

Como é? O seu caso é justamente o contrário? Você foi um dos pioneiros no uso da Internet e a incorporou à sua vida da mesma forma que o ato de respirar? Pois esse é mais um motivo para parar e pensar se não adquiriu vícios durante todo esse tempo e se não é possível melhorar a qualidade dessa sua intimidade com a rede. E por que não?

Qualquer que seja o caso, se você está lendo este livro é porque se preocupa com bons relacionamentos de uma forma geral, não importa qual seja o meio de comunicação. E, de todos os que surgiram ao longo da história, a Internet é o que propicia com maior rapidez a conexão entre o maior número de pessoas.

Ora, para que qualquer relacionamento seja bem-sucedido, é preciso comunicar-se bem. E é aí que entra a netiqueta: para melhorar ainda mais este que já nasceu como um dos mais completos meios de comunicação.

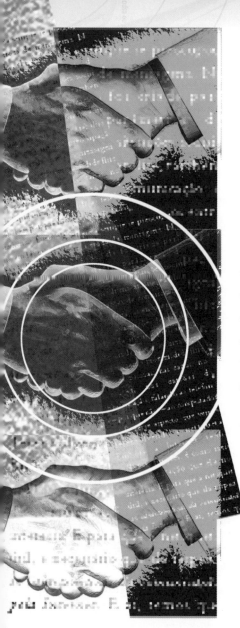

A etiqueta sempre se preocupou com a troca de mensagens. Na verdade, ela foi criada para estabelecer parâmetros de convivência em situações sociais que, em última análise, também são situações de comunicação: o jantar, a festa, os encontros entre amigos, as reuniões de trabalho.

E essa mesma preocupação existe ainda que as mensagens circulem sem a proximidade física entre as pessoas: nas cartas, nos convites, nos cartões de apresentação, falando ao telefone e – por que não? – ao computador.

É nesse aspecto que vem se desenvolvendo a netiqueta. Embora a Internet tenha múltiplas funções, é como meio de comunicação que ela nos interessa. E para que a netiqueta seja útil, é necessário que ela respeite as *características da comunicação pela Internet*. E aí, temos de pensar em fatores como:

Interatividade – A comunicação na Internet não é uma via de mão única. São inúmeras as formas de interação, ou seja, de participação ativa das duas partes envolvidas no processo de comunicação.

 Imediatismo – Muitos mecanismos de comunicação na Internet não respeitam o ritmo individual das pessoas e podem ser utilizados a qualquer momento. Além disso, como é baseada na velocidade de transmissão de dados, a expectativa de um retorno imediato enche de ansiedade a comunicação pela rede. Antigamente, podia-se esperar semanas pela resposta de uma carta. Hoje, experimente deixar alguém quatro horas esperando pelo retorno de um e-mail!

 Privacidade – Por mais que estejam ficando mais baratos, os computadores ainda são um investimento expressivo. E, por isso, é natural que eles não sejam cem por cento "pessoais", mas compartilhados com outras pessoas, seja em casa, seja no trabalho. Sem falar que, a menos que se proteja tudo por senhas, as mensagens armazenadas no computador ficam mais ou menos disponíveis a qualquer olhar mais curioso e indiscreto.

 Segurança – Bons tempos em que o maior risco que se corria com uma mensagem era o de algum curioso abrir o envelope no vapor para ler uma carta! Atualmente, com as técnicas mais avançadas de invasão de sistemas, ninguém pode se sentir totalmente seguro. E não é só isso: ainda há os espertinhos da rede que aproveitam o anonimato para se fazerem passar por quem não são. Não são poucas as mulheres descobrindo que o Antonio Banderas que conheceram na rede pessoalmente está mais para Woody Allen.

Praticidade – Apesar de passar um bom tempo na frente do computador, os internautas não têm a menor paciência com coisas demoradas. É como se a tolerância à espera fosse inversamente proporcional à velocidade dos computadores: quanto mais rápida a máquina, menos se está disposto a esperar a abertura de uma imagem ou o download de um arquivo.

Finalmente, é bom lembrar que o ambiente da rede tem particularidades muito específicas e diferentes dos ambientes físicos reais. Assim, convém ter sempre em mente alguns tópicos que podem nos ajudar a navegar com mais segurança e serenidade:

- A Internet é um universo virtual e, assim como o universo real, está em contínua expansão.
- Ninguém é proprietário da rede: há sempre lugar para mais um.
- Não existe o centro da Internet.
- Não se pode "conhecer" a Internet de um dia para o outro, nem em dez anos, provavelmente nem em cem...
- A Internet não tem opinião própria: é um amontoado de informações misturadas a milhares de opiniões.
- As aparências virtuais podem ser enganosas.
- O único comportamento que podemos controlar na rede é o nosso.
- Todas as redes podem sair do ar: as redes locais, as redes de televisão, as telefônicas, as torres de controle... É parte do jogo e não podemos fazer nada quanto a isso, a não ser esperar que tudo volte ao normal.
- A moeda corrente na Internet é a credibilidade.

É importante também que a netiqueta esteja adaptada às técnicas de comunicação pela Internet. Essas técnicas se relacionam às formas por meio das quais a mensagem é emitida. São as salas de bate-papo (ou programas de conversa online, como o IRC e o ICQ), os e-mails, as Webcams, as listas de discussão, os quadros de aviso etc. Mesmo os sites ou home-pages, base de toda a Internet, podem ser encarados como formas de comunicação, com um grau variado de interatividade. É claro que cada meio utilizado vai enfatizar um aspecto e, portanto, pedir um padrão de comportamento diferente.

Por exemplo: em uma sala de bate-papo, velocidade é fundamental. Seu parceiro não vai se sentir à vontade esperando 5 minutos até que você digite uma dissertação de mestrado simplesmente para responder à clássica pergunta "como você é?"

Já nos e-mails, o excesso de concisão pode ser mal interpretado. Será que você é tão atarefado assim que não pode perder uns minutinhos a mais escrevendo algumas linhas? Da mesma forma, o quadro de avisos pode ser mais informal que as listas de discussão, geralmente freqüentadas por pessoas que conhecem em profundidade os temas abordados.

Em resumo, para não cometer gafes reais no ambiente virtual, temos de levar em consideração:

- o uso que estamos fazendo da rede;
- as características do mecanismo de comunicação utilizado;
- a expectativa de nosso interlocutor, tendo como base os princípios da etiqueta tradicional.

Com uma noção desses princípios, é possível discutir os casos particulares. Nunca é demais lembrar que, com a velocidade do avanço tecnológico, sem dúvida vão surgir novos recursos mas as regras fundamentais certamente serão aplicáveis em qualquer caso.

de uma pessoa em diferentes países; ali, de nossa poltrona. E viajar no espaço, sem medida de tempo, alcançando outras culturas, outras pessoas, como se estivé___ no ca

Quando enviar?

Alegrem-se os carteiros porque, enquanto houver duas pessoas com um mínimo de respeito e consideração mútua, as cartas de papel ainda existirão. Na verdade, o "primeiro princípio" do bom uso da correspondência eletrônica é saber em que situações ela pode ser usada.

Qualquer circunstância com alguma formalidade não dispensa a carta ou o convite "reais". Aqui, encaixam-se os convites para casamento ou para festas de grande porte e as comunicações de falecimento, por exemplo. Na outra ponta, a frieza do computador não comporta a intimidade e o calor humano contidos, por exemplo, nas cartas para amigos distantes e namorados. Vale um e-mail para mandar um beijo de bom-dia, mas não para discutir planos para o futuro.

Basicamente, o universo do e-mail é o da conversa cotidiana, das relações profissionais, dos "conhecidos" ou "cole-

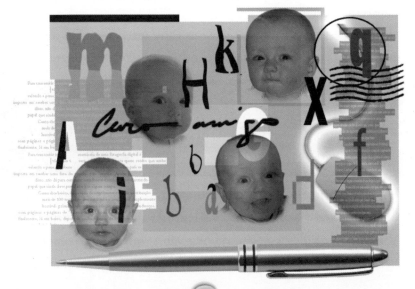

gas", mas nunca dos "amigos". Para estes, o e-mail serve como alternativa prática para mensagens mais corriqueiras. Ou será que nem mesmo um grande amigo merece que você gaste algum tempo para escrever de próprio punho, envelopar e remeter uma carta? Um raciocínio útil é imaginar o correio eletrônico não como substituto da carta, mas do telefone. Quase tudo o que você diria ao telefone pode ser transmitido por e-mail.

Há, no entanto, algumas exceções, como, por exemplo, o envio de imagens: a transmissão de uma fotografia digital é tão mais fácil para quem manda e para quem recebe que acaba valendo a pena. Nenhum avô saudoso morando em outro país se importa em receber uma foto do netinho pela Internet. Apesar disso, não dá para comparar uma foto eletrônica ao charme do papel, que ainda deve prevalecer por algum tempo.

Spam

SPAM é o nome dado aos e-mails indesejados. Quase sempre, trata-se de mensagens com objetivo comercial, mas há também outros casos. Existem, por exemplo, pessoas com a péssima mania de repassar toda mensagem engraçadinha ou página interessante que recebe a uma lista enorme de usuários. Isso sem falar nas "correntes" de oração, abaixo-assinados e terrorismo online na forma de avisos sobre novos tipos de vírus. Você, internauta elegante, não vai cair nessa tentação.

Não tenho nada contra o livre trânsito de informação, desde que essa informação seja, de fato, relevante. Para isso, é preciso conhecer a pessoa para quem você está enviando a mensagem. Por esse motivo, é desaconselhável mandar e-mails a estranhos ou pessoas com as quais você mantenha apenas um contato superficial – a não ser, claro, para fins profissionais.

Mensagem personalizada

Uma prática comum e de mau gosto é deixar visível a lista de pessoas para as quais você está remetendo o e-mail. Já recebi mensagens com mais de 100 nomes de destinatários e o resultado é simplesmente horrível: primeiro aparece uma relação gigantesca de endereços, com páginas e páginas de "fulano-arroba; sicrano-arroba" e finalmente, lá embaixo, depois de muita rolagem de tela, uma mensagem de três linhas.

A sensação é de que você é simplesmente um nome a mais em uma enorme lista de endereços. E é lógico, aquela deliciosa sensação de exclusividade que uma mensagem escrita deve ter acaba escorrendo pelo ralo.

Existem recursos que permitem mandar mensagens iguais a toda uma lista de gente, economizando tempo e trabalho, e, ainda assim, manter apenas um nome no "destinatário". Use-as sempre, assim você estará mostrando que trata seus amigos e conhecidos com um pouquinho mais de atenção do que uma empresa de assessoria de imprensa ao divulgar a última liquidação de um grande magazine. Uma forma de evitar a imensa lista de destinatários é, por exemplo, enviar uma cópia-carbono invisível, de modo que cada usuário não saiba que outros receberam a mesma mensagem.

Cabeçalho / rodapé

O e-mail tem uma vantagem maravilhosa em relação à carta de papel: a data já vem escrita automaticamente. E, com a velocidade dos dias atuais, ainda vem com a hora, o que é muito mais útil do que aparenta. Portanto, não é preciso escrever tudo de novo.

No cabeçalho, evite as saudações barrocas como "ilustríssimo senhor" ou "excelentíssimos doutores". A comunicação eletrônica tende a ser mais informal que os meios tradicionais. Mas não é por isso que você pode dispensar totalmente a saudação e partir direto para o assunto. Um "Bom-dia", "Olá" ou coisa que o valha é sempre necessário e bem-vindo.

Organização

O campo "assunto" na folha de rosto do e-mail é indispensável. A maioria das pessoas guarda os e-mails por algum tempo na máquina e a organização desse pequeno arquivo de correspondências é baseada nos "assuntos". Um e-mail com esse campo em branco pode virar uma chateação na outra ponta, já que toda vez que o destinatário quiser saber do que se trata será obrigado a abri-lo.

Finalmente, coloque de forma objetiva o teor do assunto e não com abreviaturas engraçadinhas ou ininteligíveis. Depois de algum tempo, "contrato com a K" se revelará bem melhor que "Iupiiiii!!!" para designar aquele contrato fechado com a empresa K.

Assine sempre!

Uma dúvida comum é se o e-mail deve ser assinado ou não, já que a identificação do remetente costuma aparecer no começo da mensagem. Deve, sim! Não custa nada uma despedida simpática para fechar a mensagem. E nenhuma despedida é suficientemente simpática se não tiver o nome da pessoa que a está enviando.

Também há um aspecto técnico: nem sempre os endereços de e-mail são suficientes para que se identifique a pessoa que está escrevendo. Além disso, há sempre a possibilidade de se mandar uma mensagem a partir de um outro computador, ou simplesmente "emprestar" o usuário de um amigo para mandar uma mensagem a um terceiro.

Nesse caso, principalmente, é necessário subscrever o texto para que não haja confusões em relação ao remetente.

Ainda sobre as despedidas: prefira usar as abreviaturas somente em e-mails muito informais. Essas são algumas das abreviaturas mais comuns que encontramos na rede:

ASAP – (as soon as possible) – O mais rápido possível
BBFN – (Bye bye for now) – Por enquanto é só
H ou **X** ou **ABS** ou [A] – **Abraço**
K ou **O** – Beijo
E ainda são possíveis as combinações
como **XXXOOO** – abraços e beijos.

No caso das mensagens profissionais, dependendo do grau de formalidade, pode até parecer antiquado, mas certamente é muito mais correto e agradável ler a saudação, despedida e assinatura por inteiro do que um aglomerado de símbolos, por mais universais e modernos que possam parecer.

Veja a diferença:

Caro Fernando:

A reunião foi marcada para às 15:30. Não poderei comparecer mas a Edite vai em meu lugar. Vou torcer para que tudo dê certo!

Um grande abraço
                                    Rosana

Muito melhor do que simplesmente:

Reunião às 15:30 com Edite. Eu não vou.
                    H

Tamanho

E-mails podem ser mensagens rápidas de duas ou três linhas. Na verdade, não devem ser muito longas (mais que duas telas de rolagem já é o caso de ligar seu sensor de exagero). Há um motivo para isso: parte-se do princípio que o destinatário poderá abrir a caixa postal em qualquer lugar (no trabalho, por exemplo) e nem sempre poderá dedicar muito tempo à leitura. Mensagens muito longas correm o risco de nem serem lidas, porque o destinatário abre, se assusta com a quantidade de linhas e acaba "deixando para depois". Como a troca de mensagens é praticamente imediata, há casos em que pode ser melhor dividir o que você tem a dizer estabelecendo prioridades. Espere a primeira resposta e depois continue o assunto em um novo e-mail.

Assuntos muito longos, complicados ou delicados ainda merecem um telefonema. A não ser para reduzir custos, como no caso de mensagens a familiares ou colegas em outros países. Na verdade, apesar de esta prática ser relativamente comum, o ideal é que não se abra mão do papel, seja uma carta, seja uma fotografia. Praticidade é muito importante, mas não substitui o carinho e calor humano contidos no papel.

Voltando aos e-mails de "matar a saudade": com estes, não se preocupe com o tamanho, até porque você terá sempre a deliciosa desculpa de que escreveu demais movido justamente por ela!

Attachments: use e abuse!

Se há um recurso que deve ser usado sem medo de ser feliz é o "attachment". Se o assunto permitir, mande parte da mensagem (listas, tópicos, citações, bibliografias, enfim, qualquer coisa que possa ser retirada do texto sem que ele perca o sentido) em arquivos atachados.

No entanto, preste atenção: na Babilônia da informática, nem sempre os programas falam a mesma língua e, antes de fazer o destinatário perder horas tentando abrir um arquivo impossível, é bom certificar-se de que ele possua o programa necessário para ler o seu attachment na versão correta. De qualquer jeito, é bom avisar qual é o programa e a versão nas quais os arquivos foram gerados. Por exemplo: "Estou enviando em Word 6.0 a lista de compras para o churrasco de domingo".

Peso: nem tudo que é virtual paira pelo ar.

Os arquivos transmitidos pela rede têm "peso", que, neste caso, é medido em megabytes. "Pesados" são os arquivos que demoram muito para serem descarregados.

Esses arquivos, em geral, são programas ou imagens. Programas, mesmo compactados, costumam consumir horas de CPU e de paciência. É melhor simplesmente mencionar o site de onde se possa fazer o download, em vez de enviar o arquivo inteiro. Imagens também podem se transformar em um pesadelo se forem muito grandes ou com muitas cores.

Se não quiser ser muito inconveniente, jamais envie algo em formatos "pesados" como os BMP. Vale a pena perder um tempinho convertendo as imagens em JPG ou GIF, que são mais amigáveis e fáceis de transportar sem perder qualidade.

De qualquer forma, avise o destinatário – da maneira mais detalhada possível – sobre o que você está enviando e alerte para a possibilidade de demora no download. Assim, ele poderá optar por baixar o arquivo em um momento mais tranqüilo ou à noite, quando as tarifas telefônicas são mais baratas. Melhor ainda se ele tiver um software gerenciador de download que permita uma operação "em pedaços": esta será uma boa oportunidade de usá-lo.

Linguagem

O tom predominante nos e-mails deve ser a informalidade (a exceção é o uso profissional do correio eletrônico, que será abordado mais adiante). Mas informal não quer dizer "no tapa".

Portanto, sempre revise os e-mails à caça de erros de português e, principalmente, de digitação. Não pense duas vezes para utilizar os recursos gráficos tradicionais de realce, como o **negrito** e o *itálico*: eles são bem-vindos sempre que colaborarem para aumentar a clareza do texto ou ajudar na interpretação ou diagramação.

Aliás, aqui vai um lembrete: uma palavra grafada entre asteriscos tem o mesmo valor do negrito. Como antigamente alguns processadores de texto mais simples não possuíam essa função, o uso de asteriscos ficou convencionado como uma forma de destaque. Neste caso, um *sim* tem o mesmo valor que um **sim**.

Evite, sempre que puder, o uso de cores e fontes diferenciadas. Esses recursos tiram um pouco a seriedade do texto e correm o risco de cair no puro e simples mau gosto. Se essa não for sua intenção, economize na palheta.

Há também um detalhe importante, que se refere a toda comunicação eletrônica: letras maiúsculas funcionam como um "grito" no texto (como se fossem lidos com uma elevação no tom da voz) o que é considerado agressivo ou, no mínimo, infantil. E o efeito visual é o mesmo de uma criança fazendo birra.

Não abuse das abreviaturas e dos emoticons (veja a lista no final do livro). Eles acabam com qualquer possibilidade de estilo no texto, além de transmitir pressa e desinteresse.

Computadores compartilhados

Não é necessário dizer que e-mails, como qualquer correspondência, são confidenciais. Quem compartilha computadores deve sempre ter isso em mente, para não invadir a privacidade alheia. Mesmo no caso de marido e mulher, uma vez que ainda não existem casamentos em regime de comunhão de caixa postal.

Uma alternativa inteligente é que cada um tenha sua própria conta de e-mail. A maioria dos provedores de acesso à Internet coloca mais de um endereço eletrônico à disposição de seus assinantes. Mesmo que não seja o seu caso, vale a pena negociar para ter uma conta extra, nem que você tenha de pagar um pouquinho a mais. E se esse gasto extra não estiver ao alcance das possibilidades do seu orçamento, opte por um dos vários serviços de e-mail gratuito disponíveis na web.

O esforço para convencer o marido ou a mulher dessa necessidade pode gerar uma crise de ciúme prévio do tipo:

"O que você recebe nesse e-mail que eu não posso ver"?

Ora, assim como ficou convencionado que abrir a correspondência alheia é invasão de privacidade, o acesso a e-mails do próximo – não importa o quão próximos vocês sejam – pode ser considerado com o mesmo rigor.

Por isso, insista. Ainda que não tenha nada demais e que sua conta fique praticamente sem uso. Não importa: privacidade é um direito de todos e ninguém pode exigir que vocês mantenham uma conta única.

Mas se, por algum motivo ou circunstância, vocês acabarem usando apenas um endereço, redobre o cuidado e a discrição em tudo o que se referir a isso. Mesmo que as mensagens de seu colega, parceiro, marido ou companheiro estiverem acessíveis e escancaradas diariamente ante seus olhos, nem pense em comentar, cobrar ou até mesmo referir-se a elas. Por maior que seja a sensação, por melhor que seja a piada, por mais cabeluda que seja a fofoca. Resista.

Deixe a iniciativa partir da outra pessoa que (quando achar oportuno) certamente falará do assunto. Nesse caso, é claro que você não irá fazer uma cara de surpresa total, mas também não vale cair matando e responder ansiosamente, como quem não estivesse esperando outra coisa por dias:

> "Pois é! Ainda bem que você tocou nisso, eu já estive pensando a respeito e acho mesmo que você devia..."

Esse tipo de reação vai entregar sua bisbilhotice no ato. Portanto, tente ser absolutamente discreto. Esta é uma qualidade que jamais sai de moda e é universalmente apreciada, não importando o veículo no qual é utilizada.

Os cartões personalizados estão se tornando uma febre na rede. Conheço empresas que tiveram até de baixar uma norma proibindo a circulação de cartões de Natal porque eles estavam lotando os servidores da rede e atrapalhando o trabalho de todo mundo. É que as pessoas não se contentam mais em mandar apenas os tradicionais dizeres como "Felicidades" ou "Feliz Natal para você e os seus". Os cartões agora têm animações que demoram um tempo enorme para carregar e consomem uma considerável parte da sua banda de transmissão.

Não sou contra o envio desses cartões, desde que se use o bom senso: de nada adianta um cartão de Natal gigantesco, que só conseguirá ser aberto no Ano-Novo, tamanho o tempo necessário para

carregá-lo. E nem pense em usar aquela desculpa de que "na minha máquina foi tudo tão rápido...". Nem todos são felizardos como você, que possui um computador top de linha, com um modem de alta velocidade. Para enviar qualquer coisa pela rede, temos de pensar que essa "coisa" pode ser recebida em uma máquina desatualizada e por uma linha telefônica ruim (o que não é nem um pouco raro), sobrecarregando a memória e a paciência do destinatário.

Finalmente, o cartão eletrônico não deve substituir o cartão de papel. Ele serve para pessoas com as quais você mantém pouco contato ou apenas uma "amizade profissional", mas não para seus amigos mais próximos. Até por uma questão de tradição. Imagine a árvore de Natal do seu amigo cheia de cartões multicoloridos embaixo e, ao lado, um horrível disquete preto representando o seu cartão eletrônico. Não dá!

Flores, beijos e pizza

Além dos e-mails e cartões, outra forma "engraçadinha" de comunicação pela Internet são os sites que enviam "coisas" virtuais pela rede. Essas páginas já se tornaram mania, sendo as mais usuais aquelas que enviam beijos ou flores eletrônicas. Mas a criatividade não pára por aí. Já vi um site que enviava pizzas virtuais e um que, acredite, manda bonecos de vodu com alfinetes espetados, no melhor estilo da macumba high-tech.

O mais importante dessas correspondências especiais é não perder a noção de que elas não substituem seus equivalentes materiais. Mandar um buquê de orquídeas africanas pela Internet pode ser muito simpático, mas melhor ainda é receber pelo menos um pequeno ramalhete de flores do campo verdadeiras e perfumadas. Beijos e pizzas, então, nem se fala...

Quem lida com computadores geralmente sofre da chamada "ansiedade informativa". Qualquer demora de dois minutos é interpretada como uma tortura infindável, mesmo que a pessoa não tenha mais nada a fazer além de bater papo em alguma sala de chat. Por isso, demorar demais para responder um e-mail é considerado uma grande falta de educação ou, pelo menos, de interesse. A maioria das pessoas agüenta 24 horas sem irritação. Com 48 horas, já surge a sensação de abandono. Ao terceiro dia, os mais impacientes mandam um novo e-mail de reforço "para o caso de o primeiro ter sido extraviado". Por essas razões, se você levar mais tempo que isso para responder, começar seu e-mail pedindo desculpas pela demora é uma delicadeza sempre bem-vinda.

Certo, ninguém espera que você responda em cinco minutos, mas a expectativa é de que todo mundo abra a sua caixa postal e encaminhe sua correspondência pelo menos uma vez ao dia. Daí a ansiedade quando não se tem resposta. Isso é natural, até porque ainda não confiamos plenamente nesses meios eletrônicos e sempre ficamos com a sensação de que pode ter havido algum erro de transmissão.

Por outro lado, é bom lembrar que, apesar das expectativas, nem todos abrem suas caixas postais todos os dias, religiosamente. Há quem viaje ou se ausente em reuniões fora do escritório. E simplesmente há também os que usam pouco o computador. Pode acontecer – por que não?

Assim, se não tiver recebido sua resposta dentro de um prazo razoável (de três ou quatro dias), não é preciso tomar a coisa como ofensa pessoal. Reenvie a mensagem ou simplesmente passe a mão no telefone – que afinal ainda tem muita utilidade – e confira o que aconteceu.

Para que seus e-mails sejam mais eficientes é bom ter em mente essas dicas:

Procure sempre

- *Facilidade de identificação:* O destinatário deve ter de identificar rapidamente quem é o autor da mensagem e sobre o que ela trata.
- *Interesse:* Mande apenas mensagens que possam interessar ao destinatário. Na dúvida, é melhor ficar em silêncio.
- *Informalidade:* Procure uma linguagem direta, clara e objetiva, sem formalismos ou expressões pouco coloquiais.

Evite

- Mensagens com grandes arquivos atachados.
- Repassar mensagens recebidas.
- Enviar e-mails para desconhecidos.
- Assuntos muito íntimos.

Resposta necessária

Deixar de responder a um e-mail é uma tremenda falta de atenção. Alguém perdeu tempo procurando o seu endereço, digitou uma mensagem e está esperando uma resposta. Não dá para ignorar. É preciso pelo menos acusar o recebimento, ainda que com um lacônico "ok". A exceção fica por conta de e-mails de correntes malucas ou assuntos completamente desinteressantes – que você realmente prefere que sejam esquecidos.

A maioria dos programas de e-mail tem uma opção que repete o conteúdo da mensagem recebida no momento da

resposta. Isto é particularmente útil para quem troca uma grande quantidade de e-mails por dia, pois ajuda a pessoa a "localizar" rapidamente o assunto que está sendo tratado. Só que vira uma chateação quando as mensagens são muito longas ou trocadas várias vezes entre os usuários, porque elas acabam ocupando um grande espaço. O bom senso manda que você mantenha apenas a resposta à qual o e-mail se refere, descartando o resto do "histórico", ou seja, as mensagens recebidas anteriormente.

Outra prática da rede que conta a com a simpatia dos usuários é "quebrar" o e-mail para respondê-lo. Funciona assim:

Antonio José recebe uma mensagem do seu irmão, Sérgio Augusto, que mora em Dallas:

Toninho,

Como vão as coisas por aí?
Soube que sua mulher teve de fazer uma operação. É verdade? Vocês estão precisando de alguma coisa aqui dos EUA?
Por aqui, vamos andando como Deus manda: muito trabalho, muita saudade, pouco tempo. Devemos ir ao Brasil em julho e espero encontrá-lo.
Mande notícias.

Sérgio

Na hora de responder, Antonio José "quebra" o e-mail do irmão e responde passo a passo. Assim:

Guto,

> Toninho,
> Como vão as coisas por aí?
Depois do susto que nos deu a Maria José,
as coisas estão bem. Mamãe também andou
meio adoentada, mas foi apenas uma gripe forte.
> Soube que sua mulher teve de fazer uma
operação. É verdade? Vocês estão precisando
de alguma coisa aqui dos EUA?
Agradeço mas não estamos precisando
de nada. Foi só uma apendicite aguda, que,
depois da operação, não deu mais nenhuma complicação.
Conseguimos nos virar com os remédios daqui mesmo.
> Por aqui, vamos andando como Deus manda:
muito trabalho, muita saudade, pouco tempo.
Devemos ir ao Brasil em julho e espero encontrá-lo.
Ficamos felizes com essa boa notícia. Mamãe pergunta
sempre se você tem escrito e diz que, a cada dia,
tem mais saudade de vocês. Ela vai ficar ansiosa
esperando julho chegar.
> Mande notícias.
> Sérgio
Escrevo quando tiver mais novidades.
Abraços a todos.

Toninho

Essa forma de responder, apesar de parecer estranha para quem não está habituado à Internet, é considerada a mais prática. Porém, sempre que possível, procure mandar sua resposta em texto corrido: é infinitamente mais bonito e como praticidade não é sinônimo de elegância, esta forma possibilita uma carta mais charmosa e afetiva.

Lembre-se que, assim como a carta, o e-mail também é um documento e uma coletânea de e-mails pode virar um livro ou melhor, um CD-ROM. Dá para imaginar os lançamentos da feira do livro do século XXI: "Os e-mails secretos do Rei da Inglaterra" ou "E-mails do exílio" ou ainda: "A caixa postal dos ricos e famosos".

Portanto, não vale a pena correr o risco de passar para a história como alguém que escrevia no estilo de uma criança recém-alfabetizada só porque mandava e-mails "práticos".

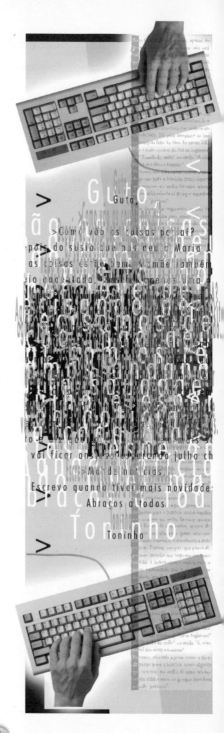

Comunicação em tempo real

Uma das principais atrações da Internet, responsável por contas de telefone altíssimas, sem dúvida são as salas de bate-papo ou chat-rooms. Ou, simplesmente, chats. Refúgio para os mais tímidos, embrião de comunidades virtuais, ferramenta para troca de informações, não importa como os chats são encarados. O fato é que a matéria-prima desses ambientes é o relacionamento entre duas ou mais pessoas e, portanto, esse é um assunto de interesse da etiqueta.

Existem duas formas bastante peculiares de chat: as grandes salas, geralmente vinculadas a alguma página ou a algum provedor de acesso e os programas que possibilitam "salas de chat privados", como o ICQ e o IRC. Do ponto de vista tecnológico, pouca coisa muda, mas do ponto de vista da etiqueta, essas duas modalidades são bastante diferentes. Enquanto nas grandes salas várias pessoas se conectam ao mesmo tempo, geralmente sem saber quem vão encontrar pela frente, os chats privados são mais seletivos e controlados pelo próprio usuário. E, assim como na etiqueta tradicional, dois ambientes diferentes merecem duas abordagens diferentes.

Grandes salas

Normalmente, as salas vinculadas a sites são divididas por áreas de interesse ou tema, que podem ser mais genéricos (idade, região geográfica, hábitos sexuais...) ou mais específicos (assuntos técnicos, profissões, hobbies...). Aí já surge a primeira grande dica para o internauta elegante: nunca entre em uma sala se não quiser participar do tema proposto. A Internet é bem vasta e, pesquisando um pouco, você certamente encontrará um lugar ideal para conversar com quem tenha mais afinidades.

Nos chats mais genéricos, essa gafe não é tão grave e pode até passar despercebida. Afinal, quem é que vai saber se, numa sala para pessoas com até 30 anos de idade, entrou alguém com 35? Agora, nos chats mais específicos, a coisa é feia. Basta abrir a boca (ou digitar três palavras), para que todos percebam que você é um peixe fora d'água e não tem nada a ver com o assunto. Isso porque essas salas são freqüentadas, na sua maioria, por especialistas ou gente que conhece muito bem o tema tratado. Numa sala de nautimodelismo, por exemplo, é só chamar um modelo de "barquinho" e ninguém mais vai dar atenção ao que você tem a dizer.

Escolha do apelido

O apelido com o qual você entra nas salas é também conhecido como "nick" (abreviatura de "nickname"). É a partir dele que as pessoas começam a soltar suas fantasias e assumir personalidades diferentes. O gordinho entra como "Rambo", a mocinha tímida do interior assume uma "Marilyn Monroe" e o respeitável executivo vira a "Sharon Stone". Por que não? Sob esse ponto de vista, nas salas de chat é carnaval o ano inteiro: todo mundo pode escolher entre se mostrar como é ou como gostaria de ser.

Não se trata de mentira deslavada ou enganação. É simplesmente uma nova forma de comportamento, compatível com o mundo virtual, porém apenas até certo ponto.

Claro: enganar pessoas trazendo algum tipo de prejuízo material ou emocional já não é assunto de etiqueta, mas de polícia. No entanto, a maioria das pessoas que entram em um site desses sabe que não pode e não deve confiar 100% no que é dito. Os provedores mais sérios até alertam para isso antes de dar acesso às páginas. Há casos e casos de pessoas que foram enganadas.

Mas, pensando bem, será que, lá no fundo, essas pessoas não queriam se deixar enganar? Quem é mais esquisito: aquele que entra em um chat para contar um monte de mentiras ou quem acredita em tudo o que vê digitado em sua tela por um completo desconhecido escondido atrás de um nick de fantasia!?

Voltando ao assunto: se você não tem a intenção de fantasiar e assumir algum personagem, há algumas dicas que podem facilitar sua vida no chat-room:

● Escolha um nome de sexualidade definida. Um lacônico "X", por exemplo, irá provocar a inevitável pergunta logo de cara: "Ei, X: você é homem ou mulher?" Para não ter de ficar explicando a todos a que sexo você pertence, um nome mais definido é o ideal.

● Costuma-se também dar mais indicações para atrair pessoas com alguma afinidade, como a idade ou a região de onde se está teclando. Por exemplo: jose_23, rambo_sp, femea_fatal_23_sp.

● Como internauta elegante, você está entrando no chat para conhecer gente nova e trocar idéias e não para provocar inúteis brigas virtuais. Por isso, nada de nicks racistas, ofensivos, machistas ou simplesmente chulos. A prática mostra que, assim como nas conversas sociais, algumas preferências também não precisam ser explicitadas como: corinthiano_23, comunista_sp, separatista_rs etc. Vale a regra básica da etiqueta social: futebol, religião e política são assuntos que só cabem entre pessoas pelo menos um pouco mais íntimas.

● Alguns engraçadinhos também usam caracteres especiais para formar seu nick. Sinceramente, fica parecendo coisa de adolescentes aficionados por computador. Nada mais chato que conversar com alguém que se chama "%$#*&%()".

● Por outro lado, há alguns grafismos que acabam sendo realmente interessantes, apesar de batidos, como o gatinho (=^..^=) ou os "emoticons" (veja no final do livro, apêndice 1, uma lista deles).

● Nunca deixe de colocar um nick. Alguns programas de chat assumem o nome "anonymous" quando não se coloca nada ao entrar. Você pode preferir assim, embora eu pessoalmente ache que esse tipo de postura é parecido com o de quem liga para alguém e desliga ao encontrar a secretária eletrônica ligada, alegando que "odeia falar com máquinas..." Ora, ao entrar em uma chat room, o nick é uma das regras para se jogar. Não usá-lo ou escolher um "anonymous" é o mesmo que querer jogar como "café-com-leite". Até porque, pense bem: quem não teve criatividade para imaginar um nick, não deve ter muito a dizer, não é verdade?

● Se você costuma freqüentar a mesma sala, entre sempre com o mesmo nick. Assim, as pessoas que passam por ali acabam reconhecendo você e essa é a oportunidade para retomar conversas e firmar amizades virtuais com boa chance de continuarem no mundo real.

Puxando papo

Como toda conversa bem-educada, nada melhor que entrar em um chat cumprimentando a todos que já estão lá. É uma boa chance de dizer também a que veio e checar se há alguém interessado em conversar com você. Alguns exemplos:

> "Boa tarde a todos. Estou procurando alguém que more na região de Caçapava. Há alguém por aqui?"

ou:

> "Olá. Sou viciado em cinema e gostaria de conversar com alguém sobre esse assunto."

ou ainda:

> "Boa noite. Há alguém romântico e solitário aqui?"

(embora este seja um clichê muito anterior à Internet, em alguns casos, a declaração continua tão verdadeira quanto atraente...).

Se ninguém se manifestar, pode escolher qualquer nome da lista e dirigir-se diretamente à pessoa. Mas, antes de começar a conversa, pergunte se ela está ou não disponível para bater papo com você. Pode parecer uma frescura dispensável, mas não é. Pessoalmente, equivaleria ao gesto de se aproximar devagarinho de um grupo e esperar a pausa certa para falar. Assim como, quando vemos alguém sozinho em um bar ou local público e queremos conversar, perguntamos antes:

> "Posso me sentar?"

ou:

> "Você está sozinho/a? Se importa se eu sentar aqui?"

Ninguém já vai falando sem se apresentar ou sentando sem pedir licença. Deu pra entender?

Alguns programas permitem a troca de mensagens confidenciais, que só ficam disponíveis entre as pessoas que estão conversando. É de bom tom que a sua primeira mensagem seja em aberto para não dar a impressão de que tem algo a esconder. Depois, se a conversa for se tornando mais interessante, mande uma mensagem oculta e pergunte se a outra pessoa não se importaria em ter uma conversa mais reservada.

Algumas pessoas têm uma regra eficiente: responder às perguntas abertas à sala, de maneira igualmente aberta, e às "mensagens secretas" no reservado. Isso poupa o constrangimento de perguntar se o outro quer ou não ter um papo confidencial com você. Da mesma forma, se você mandar uma mensagem oculta e o correspondente responder à vista de todos, volte imediatamente à conversa aberta: é sinal que, pelo menos naquele momento, ele não quer saber de assuntos confidenciais. Tente mais tarde, quem sabe?

O chato no chat

Se pessoalmente há maneiras de se comportar para que a conversa seja mais agradável, no caso dos chats não há de ser diferente. Existem coleções de livros que discorrem sobre "a arte da conversa" ou "o bom ouvinte". No caso dos chats, ainda não se passou tempo suficiente para que as regras da boa conversa em um ambiente virtual rendessem um livro. Mas, certamente, dá para prestar atenção a alguns detalhes que podem fazer de você um internauta desenvolto e sempre bem recebido em qualquer sala.

● Boa parte dos internautas não gosta de conversar com várias pessoas ao mesmo tempo. É importante respeitar isso, até porque, se você está tendo um bate-papo realmente interessante com o outro, vale a pena um pouco de dedicação exclusiva, nem que seja para acelerar o processo de pergunta e resposta. Por isso, ao mandar uma mensagem a alguém, se notar certa demora, não insista. Pode ser que aquela pessoa esteja no meio de uma conversa absorvente e não é o caso de ser inconveniente.

● Outra situação desagradável nos chats: o convidado indesejável. Aquele espertinho que não consegue puxar assunto com ninguém e se mete na conversa dos outros. Esse sujeito é tão inconveniente quanto na vida real. Imagine um grupo de amigos conversando em uma festa. Aí, ele chega sem conhecer ninguém, sem saber sobre o que estão falando e vai logo dando a sua opinião. Pois é, mudam os ambientes, mas os chatos continuam iguais.

- Evite participar de polêmicas inúteis. Muita gente entra nos chats apenas para extravasar seus recalques e dedicar-se à ofensa virtual, só pelo prazer de dizer coisas que não teria coragem pessoalmente. Ignore esses tipos. Tudo o que querem é alguém que desça ao mesmo nível para polemizar e, se você der corda, o ambiente do chat fica péssimo. E o que é pior: quem é realmente interessante acaba procurando outras salas. Deixe o bobo falando sozinho até que se canse e vá embora.

- Detalhe importante: nos chats (assim como nos e-mails) as letras maiúsculas significam "gritar" ou "falar em voz alta". A letra maiúscula dá um tom agressivo à conversa e pode despertar a ira dos companheiros de sala.

- Não é muito comum, mas pode acontecer: às vezes, entram pessoas nas salas com algumas perguntas genéricas. Em geral, querem saber

se alguém "viu" um determinado usuário que, provavelmente, estaria por ali naquele horário. Responda, mesmo que a pergunta não tenha sido dirigida a você e mesmo que não saiba dar a informação solicitada. É melhor um "sinto muito, não posso ajudá-lo" que o silêncio dos bytes. Até porque solidariedade é – ou deveria ser – uma das características da rede.

● Finalmente, uma dica importante: nunca, sob nenhuma hipótese, forneça informações reais sobre uma pessoa: nome, local onde mora ou com quem ela costuma conversar no chat. Lembre-se que, na Internet, nem sempre circula a mais absoluta verdade e não cabe a você decidir o que deve ou não permanecer em segredo.

Velocidade

Em um chat, a velocidade na digitação é muito importante. As pessoas que freqüentam essas salas estão acostumadas a um certo padrão de tempo entre pergunta e resposta e, se você demorar um pouco mais, logo vem a mensagem "você ainda está aí?"

Respostas em alta velocidade, no entanto, não devem significar mensagens mal formuladas. O ideal é evitar frases muito longas, se necessário quebrando o pensamento em mensagens mais curtas, para que a outra pessoa não fique com a sensação de ter sido abandonada. Apesar de ser deselegante em cartas manuscritas, nas mensagens eletrônicas não dá para fugir muito das abreviaturas, que já se tornaram uma nova forma de linguagem dentro dos chats. Aqui estão apenas algumas das mais usadas:

kd	**Cadê?**
Qq	**Qualquer**
Qd ou Qdo	**Quando**
Vc	**Você**
H	**Homem**
M	**Mulher**
(Risos)	**Indica que o que foi dito teve tom de brincadeira**
Pq	**Porque**
Tc	**Teclar (o equivalente a "falar")**

Há também as inevitáveis contrações e gírias, que são transcritas literalmente para o mundo virtual, como "tô" e "pra".

Também não se deve esperar muito apego à pontuação, apesar de que um toquezinho a mais para colocar uma vírgula na frase não faz mal a ninguém nem é tão demorado assim, além de enfatizar a mensagem e dar ritmo a ela. Finalmente, vale ressaltar: evite falar com duas ou mais pessoas ao mesmo tempo, para não comprometer o ritmo do seu papo.

Contra a lei de Gérson

Ao contrário do que afirmava o nosso craque de 70, o importante não é levar vantagem, mas, sim, ater-se ao que é importante. Há muitos Casanovas na rede que tentam seduzir três ou quatro mulheres ao mesmo tempo, trocando mensagens reservadas para que elas não percebam essa pequena infidelidade virtual. Bobagem. A menos que esse Casanova seja um digitador profissional, as mensagens acabam demorando mais que o usual e forçam o espertinho a vir com aquelas desculpas esfarrapadas: "minha máquina está tão lenta hoje..." ou "tocou o telefone e tive de atender..." Para qualquer pessoa que tenha uma experiência mínima, é claro que essas desculpas não colam. E, afinal de contas, qual é a grande vantagem?

Este tipo de comportamento me faz lembrar a história das praias de nudismo e a opinião da duquesa de Windsor a respeito do assunto. A duquesa – aos mais jovens que não se lembram – foi uma plebéia de grande carisma. Tão grande que fez o então rei da Inglaterra abdicar do trono para poder se casar com ela (que, além de plebéia, já era divorciada, o que não era exatamente bem visto no começo do século). O fato é que os dois se casaram e até o final de suas vidas foram sempre vistos juntos desfrutando exatamente o tipo de relacionamento que imaginamos ser ideal: com muito di-

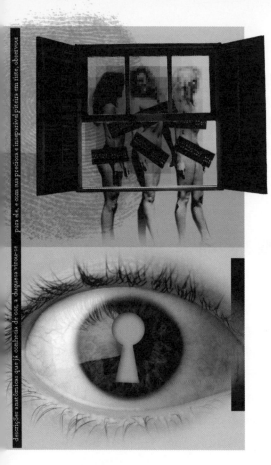

nheiro, viagens, companheirismo, amigos famosos e – claro – um vínculo profundo e poderoso entre os dois, que desafiava o tempo e os mais céticos.

Pois bem: certa vez, durante um dos famosos jantares oferecidos pelos duques, um convidado, sentado à direita da duquesa, tentando ser espirituoso e animar a conversa, não parava de comentar que havia estado em uma praia de nudismo (na década de 50 elas eram uma escandalosa novidade, aos olhos da Europa conservadora).

Finalmente, cansada de ouvir as descrições anatômicas que já conhecia de cor, a duquesa virou-se para ele e, com sua preciosa e inseparável piteira em riste, observou:

> " Ora, meu caro, será que você ainda não aprendeu que a única pessoa que vale a pena ser vista nua é aquela de quem nós mesmos tiramos a roupa?"

É isso aí.

Na minha opinião, em relação a papos virtuais, só vale a pena ter uma conversa reservada se ela *realmente for reservada*. Senão, qual é o sentido:

Despedidas

Na hora de deixar qualquer bate-papo, não é pedir demais que a pessoa se despeça, assim como não custa nada cumprimentar quando se chega. Se você ficou o tempo todo batendo papo com uma única pessoa, pode cumprimentar apenas ela. Mas se no decorrer da sessão você falou com outras, a fórmula mais bem vista é a despedida geral com toques particulares. Um exemplo:

"Até mais, pessoal. Um abraço a todos e em especial à Karina, ao Thunder_17 e ao Chuvisco_mg".

Os programas de chat geralmente possuem um "botão" para sair e é por lá que você deve ir, em vez de simplesmente fechar a janela. Assim, o sistema avisará a todos que você saiu, o que é muito mais elegante que desaparecer em um passe de mágica.

Finalizando

Apesar de ser uma questão de bom senso, não custa repetir:
- Não forneça telefone, endereço ou local de trabalho pelo chat.
- Evite fornecer seu e-mail.
- Se marcar um encontro real com alguém, marque em local público, durante o dia e avise a outras pessoas onde você vai estar.
- Não compre nada por chats.
- Não acredite em tudo o que é dito.
- Não acredite nas fotografias transmitidas – sempre há possibilidade de que tenham sido alteradas.

Eu procuro você

Apesar de ter outras funções, o programa ICQ notabilizou-se entre os internautas pelas facilidades de comunicação que apresenta. Para quem não sabe, ICQ (pronuncia-se "ai sik iú") é uma abreviatura engraçadinha de *I seek you* (eu procuro você, ou seja, eu estou te procurando) e conta com alguns milhares de usuários espalhados por todo mundo. De forma que já podemos considerá-lo um fenômeno da comunicação na Internet. Sua principal característica – e a que mais interessa à etiqueta – é a capacidade de promover bate-papos em tempo real. Isso é feito por meio do envio de mensagens online ou pela simulação de uma sala de bate-papo com duas ou mais pessoas. Além do ICQ, já existem outros programas que executam essa mesma função. Para realizar isso, o ICQ trabalha com listas de usuário. Cada usuário tem uma espécie de "agenda telefônica" na qual constam os seus contatos na imensa rede de internautas cadastrados. Aí começa a questão. Toda vez que alguém da sua lista entra no sistema ICQ, você recebe um aviso dizendo que aquela pessoa está conectada. E adeus privacidade.

Certamente, foi pensando nisso que os criadores do ICQ desenvolveram opções de "invisibilidade": configurando o programa da maneira correta, você pode passar desapercebido para outro usuário em particular ou para toda a rede ICQ. E ninguém deve ficar constrangido em usar essa facilidade. Fique invisível à vontade para evitar os chatos em momentos que exigem mais concentração, nos quais você não quer ser interrompido.

Mensagens online pelo ICQ

Da mesma forma que você não quer ter sua privacidade invadida, é importante ser cuidadoso com os direitos alheios. Evite mandar mensagens inúteis cada vez que perceber um amigo online, principalmente se forem recadinhos sem importância, como:

> "Vi você entrando e resolvi mandar um alô!".

Chateações desse tipo é que fazem cada vez mais pessoas ficarem o tempo todo "invisíveis", só para não serem perturbadas.

Se você realmente tem algo a dizer, lembre-se de que é sempre mais delicado que sua primeira mensagem seja no sentido de pedir licença para conversar. Que tal:

"Você está ocupado?"

ou

"Podemos conversar um minutinho?"

Assim, se o seu parceiro virtual não estiver a fim de conversa, vai poder dar alguma desculpa e desconectar-se (ou ficar "invisível").

Quem já entra no ICQ mandando mensagens a torto e direito sem se preocupar com a privacidade dos outros é semelhante ao chato do mundo real que encontramos em festas, que invade a conversa alheia sem ser convidado e senta com o grupo sem que ninguém tenha feito o menor gesto em sua direção. Se você não quer ser assim na vida, por que aceitar esse papel no mundo virtual?

Quando o outro usuário der o sinal verde para que vocês conversem, lembre-se sempre de que tempo é dinheiro e, no caso da Internet, esse ditado é literal. Além de estar gastando as horas de acesso pagas ao provedor, também há a conta telefônica no fim do mês, e esta costuma ser implacável com os internautas prolixos! O próprio ICQ limita a quantidade de caracteres que você pode enviar a cada mensagem, o que deve ser interpretado como um aviso de que este não é o meio ideal para conversas longas demais. Portanto, seja objetivo.

Se as mensagens e respostas começam a se multiplicar demais, talvez seja a hora de chamar o outro para uma sala de bate-papo privada. Lá, além de não haver limitação para o uso de caracteres, a resposta é ainda mais rápida, o que pode acabar economizado o tempo de ambos.

Para abrir uma sala de chat no ICQ, o sistema envia antes uma solicitação ao usuário escolhido (é o famoso "chat request"). Cabe a este aceitar o convite ou não. Isso não é o suficiente para garantir a privacidade no ICQ, já que a maioria das pessoas se sente compelida a apertar o botão "aceitar" quando ele aparece na tela. Parece falta de educação recusar o convite para um chat, mas na realidade não é.

Sabendo disso, é sempre melhor averiguar a disposição do seu parceiro eletrônico **antes** de enviar um chat request. Não custa, e evita constrangimentos.

Para recusar um chat request, o usuário tem várias opções como "Ignorar", "Recusar sem explicar o motivo" ou "Recusar explicando o motivo". Essa é a hora de mostrar sua atenção para com o outro usuário. Recusar, sim, mas com toda cortesia, desculpando-se por não poder conversar naquele momento, mas dizendo que você ficaria feliz em bater papo em uma próxima oportunidade. É nesses detalhes que a netiqueta colabora para tornar a comunicação na Internet menos "fria", mostrando que, por

trás da avalanche de bits e bytes, estão pessoas que se respeitam. Uma vez na sala de chat, é bom lembrar das características desse espaço. Se você está na opção "split", o que é digitado aparece na tela da outra pessoa no *exato momento* em que você aperta cada uma das teclas. Portanto, cuidado com digitações afobadas, cheias de erros e correções. Contanto que você escreva com um bom ritmo e sem grandes pausas, o outro usuário vai receber suas mensagens sem transtorno e sem esperar demais. Ao contrário, se você digitar depressa demais sem ter muita habilidade com o teclado, aí sim as mensagens acabam demorando mais, devido ao tempo gasto em correções.

Aliás, as correções devem ser feitas sempre. É muito estranho receber mensagens cheias de erros de digitação, que, dependendo do contexto, podem até soar como erros de português. Mas atenção: no caso do ICQ, elas devem ser feitas imediatamente após os erros (e não "revisando" todo o texto depois de escrito).

Para evitar mensagens truncadas, é necessário sinalizar ao outro usuário que você terminou o raciocínio e que, se ele quiser, é a vez de ele digitar alguma coisa. É como o "câmbio" usado nos sistemas de radiotransmissão, que serve para indicar o fim de uma mensagem. Em geral, os usuários mais organizados simplesmente digitam "enter" duas os três vezes, gerando assim algumas linhas vazias. Essa é a deixa para o outro responder.

Às vezes, durante uma conversa mais longa, somos obrigados a interromper o papo para fazer alguma outra coisa (como tirar o leite do fogo ou atender a campainha da porta, por exemplo). Para que essa ausência súbita não seja interpretada como algum problema na linha telefônica, convém avisar ao parceiro que você não estará na frente do teclado nos próximos minutos. Assim, ele não ficará esperando por uma resposta que nunca chega. Se perceber que a interrupção será longa, desconecte e volte a procurá-lo mais tarde, de preferência em um horário combinado.

Na verdade, é exatamente como se estivesse falando ao telefone e, de repente, pedisse para seu interlocutor:

"Segure aí um minuto, volto já".

E só voltar depois de dez minutos. Ninguém gosta de ficar "pendurado", seja ao telefone ou no computador. Com ou sem musiquinha de espera...

Mensagens coloridas

O ICQ também possibilita o uso de cores e tipos de letras diferenciados no envio de mensagens. Esses recursos são aconselháveis apenas quando se quer destacar alguma coisa, para não correr o risco de "carnavalizar" a tela alheia. Principalmente quando o destinatário estiver em ambiente de trabalho. Os chefes têm uma atração incrível pela tela de computador de seus funcionários conectados à Internet: eles não resistem em dar aquela "olhadinha" ao passar pela sala. Uma tela toda colorida, cheia de tipos diferentes nos mais diversos tamanhos, pode chamar a atenção, colocando seu amigo numa tremenda saia-justa.

Horários

Boa parte dos usuários da Internet preferem conectar-se à noite, quando as ligações telefônicas são mais baratas. Não há nenhum problema em puxar conversa com um amigo conectado ao ICQ de madrugada, até porque, ao contrário do telefone, a Internet não acorda ninguém. Vale, no entanto, a regra do bom senso. Se o assunto for longo, talvez seja o caso de consultá-lo antes ou de deixar o papo para o dia seguinte.

SPAM por ICQ

A mente de quem não tem muito o que fazer na vida é realmente criativa. Foi só começar a se tornar uma ferramenta de comunicação popular e já tem gente inundando o ICQ com mensagens indesejadas, os chamados "SPAM" (veja o capítulo II). Não alimente essas correntes de jeito nenhum, repassando mensagens que, no fundo, não interessam a ninguém.

Por ser um programa de comunicação em tempo real, o ICQ deve ser utilizado **apenas** para a comunicação interpessoal. O envio de publicidade, correntes de oração, avisos e qualquer outra forma de comunicação em massa é uma grande invasão de privacidade. Sugiro até que se boicotem os sites que usam o ICQ para vender seus produtos!

Random chat

Outra função do ICQ é o "random chat". Usando uma "lista de interesses", o sistema seleciona aleatoriamente alguém que esteja online para um bate-papo. Pode até ser útil para os solitários de plantão, mas, pessoalmente, acredito que há outras opções mais corretas para quem quer conhecer novas pessoas. Uma delas é a sala pública, onde as pessoas já entram e se encontram com essa finalidade.

Enviando tranqueiras

As versões novas do ICQ não transmitem apenas mensagens escritas. Por meio desse programa, os usuários podem trocar arquivos, sons, imagens e endereços de páginas interessantes, por exemplo. Aqui, valem as mesmas regras do e-mail: mande apenas aquilo que, sem nenhuma sombra de dúvida, vá interessar a quem estiver recebendo. Como a comunicação acontece em tempo real, é mais correto enviar uma mensagem antes para certificar-se desse interesse. Antes de mandar um link, pergunte:

"Tenho aqui o endereço de uma página muito legal sobre criação de orquídeas em estufas. Quer dar uma olhada?"

Mesmo sabendo que dificilmente seu amigo vai responder que não (ah, a curiosidade humana...), perguntar antes torna o envio menos "invasivo".

O ideal mesmo é que arquivos de qualquer espécie sejam mandados por e-mail. O raciocínio é simples: como o ICQ trabalha em tempo real, você acaba tirando do destinatário o direito de decidir qual o melhor momento para descarregar o arquivo. Mesmo que sua mensagem não chegue em um momento impróprio, ele terá de dedicar parte dos recursos do micro para fazer o "download", o que pode deixar mais lentos os outros programas e atrasar a entrega de um trabalho importante – apenas para citar um exemplo.

Rede de negócios

A revolução provocada pela Internet atinge todos os setores da sociedade. Porém, sem dúvida, o impacto mais profundo foi nos negócios e em seu uso em caráter profissional.

Cada vez mais, a Internet ganha espaço como alternativa de trabalho para profissionais de todas as categorias. Não há uma semana em que não nos cheguem notícias de grandes transações envolvendo empresas virtuais ou de investimentos astronômicos para conquistar uma fatia desse mercado.

A rede está definindo novos modelos econômicos, criando novas fórmulas administrativas, alcançando clientes e trabalhando com fornecedores, efetuando transações e permitindo toda sorte de comércio que se puder imaginar.

Nesse ambiente de alta competitividade, apenas o conhecimento técnico e de marketing não são suficientes. Mais uma vez, algumas noções de netiqueta – principalmente para as empresas que lidam diretamente com o consumidor – podem ser bas-

tante valiosas. É no atendimento cuidadoso ao cliente que as empresas virtuais se diferenciam e alcançam seus objetivos.

Por outro lado, os profissionais que souberem navegar com alguma desenvoltura certamente estarão saindo na frente em relação à maioria. Calma. Não é o caso de deflagrar uma crise de ansiedade do tipo:

> "Mas o que será que estou perdendo, será que preciso me atualizar mais ainda?"

A rapidez com que tudo acontece na rede, as novidades com relação a programas, novos formatos de negócios, novos sites, nichos de mercado recém-descobertos e ainda inexplorados, tudo isso contribui para gerar esse tipo de sentimento. É como se nunca conseguíssemos dar conta de tanta novidade. E nem é preciso.

Procure dar prioridade ao que lhe interessa diretamente ou que esteja mais vinculado à sua profissão e/ou especialidade. A partir daí, no que diz respeito ao relacionamento profissional via Internet, a aplicação dos mesmos princípios da etiqueta tradicional – que também norteiam a netiqueta – pode ser de grande valia: bom senso, naturalidade e afetividade. Somados à agilidade do meio, devem resultar em uma fórmula bastante eficiente.

E-mails profissionais

Os e-mails profissionais merecem um tratamento especial, diferente dos pessoais. Pela lógica, a postura e a hierarquia que marcam as relações do ambiente de trabalho, devem estar presentes nos e-mails entre colegas, clientes e funcionários.

● Como princípio, procure economizar: só mande o que for absolutamente necessário e referente a assuntos profissionais.

Por mais que se elogie a rapidez e praticidade dessas mensagens, há que se parar alguns minutos para ler, arquivar, responder etc. Justamente pelo fato de o e-mail ser mais rápido é que as pessoas tendem a abusar, sobrecarregando as caixas postais alheias.

- Tente enviar seus e-mails quando dispuser de uma certa tranqüilidade. Afobação e cansaço se refletem bem mais do que podemos imaginar no trabalho final, resultando até mesmo em deploráveis erros de digitação.

- E-mails são e-mails: mensagens relativamente curtas entre duas pessoas. Não podem substituir uma reunião ou almoço de negócios.

- Se a mensagem for longa, é aconselhável conferir a versão impressa para evitar erros de digitação. A leitura na tela, por mais que estejamos habituados a ela, dificulta a detecção de pequenos erros.

- Não repasse simplesmente um e-mail que contenha alguma informação que você queira difundir – principalmente para algum superior. Apenas dar o "forward" denota uma certa preguiça e impessoalidade. É mais delicado escrever uma introdução sua e mandar o corpo do texto em seguida.

- Se estiver mandando com cópias, siga a hierarquia: a mensagem para o superior e as cópias para os demais.

- A exceção é quando se trata de um caso específico relacionado a um departamento e sobre o qual você queira apenas dar ciência ao superior: aí vai para a pessoa encarregada do assunto com cópia para o presidente da empresa.

- E-mails são muito práticos, mas não são a solução para todo tipo de comunicação. Portanto, se um assunto for realmente importante, é melhor que seja resolvido em reuniões ou vídeo-conferências. Se for longo, talvez o telefone seja uma alternativa melhor.

Um dos aspectos mais importantes em relação ao uso profissional dos e-mails é o tempo de resposta. A demora no atendimento é uma das críticas mais freqüentes às empresas que operam na rede. E não é para menos: uma pesquisa feita por uma revista de informática mostrou que há empresas demorando até três dias para responder a uma mensagem. Nem uma carta demora tanto. Essas empresas querem adotar um ar de modernidade, mas ainda estão na era do pombo-correio, navegando pela Internet com uma jangada, enquanto concorrentes mais antenados turbinam os motores de suas superlanchas para alcançar os consumidores que têm pressa.

E, quando se fala em pós-venda, a situação é ainda pior. Reclamar de um produto que veio com defeito ou mesmo pedir instruções sobre assistência técnica, às vezes, pode levar dias.

O que essas empresas têm de assimilar é que a demora é uma das piores ofensas ao internauta. Quem usa a rede dá um enorme valor ao tempo e não perdoa atrasos, chegando mesmo a ser radical. Talvez no futuro essa postura até alcance um ponto de equilíbrio, mas, por enquanto, o tempo – por pouco que seja – ainda é considerado uma moeda fortíssima na comunidade virtual.

Mais que um dia esperando uma resposta já suscita impaciência. É preciso enviar qualquer tipo de resposta, nem que seja parcial, como, por exemplo:

"Sua solicitação já foi encaminhada ao departamento responsável e retornaremos com uma resposta definitiva em 24 horas".

Isso sinaliza ao menos que o problema não é a falta de agilidade no uso da rede, e sim o encaminhamento do caso dentro da empresa que está atrasando a resposta.

Uma forma de mostrar atenção ao cliente em um primeiro

momento pode ser a resposta automática, que alguns serviços de e-mail possuem. Assim que o e-mail é recebido, o próprio computador envia uma mensagem ao remetente avisando que a mensagem foi recebida. No entanto, isso gera uma outra questão: *como deve ser essa resposta automática?*

Respostas automáticas

O padrão que tem sido utilizado pelas empresas apresenta algumas características comuns com informações básicas.

A primeira é avisar que aquela é uma resposta automática. Isso evita que o cliente se sinta desprestigiado recebendo um texto padrão, que não acrescenta nada à resolução do seu problema (falarei mais sobre isso adiante).

A segunda é pedir para que o usuário não dê um *reply* na mensagem. Se isso acontece, o e-mail volta a cair no sistema de respostas automáticas e repete o aviso de que foi recebido.

O ideal portanto seria usar uma linguagem cortês, objetiva, curta e informativa:

"Essa é uma mensagem automática. Por favor, não responda. Recebemos o seu e-mail e ele está sendo encaminhado para o departamento responsável. Aguarde nosso breve contato e obrigado por ter acionado o serviço de atendimento ao cliente da loja tal".

É bom lembrar que a resposta personalizada e definitiva não deve vir mais de 24 horas depois desta automática. Nem que isso implique um aumento do quadro de funcionários para esse fim. Quem se dispõe a oferecer os serviços da rede tem de estar equipado para atender plenamente ao cliente dentro das expectativas de seus usuários. E, as principais, por enquanto, ainda são rapidez e agilidade.

A principal e mais grave gafe virtual que uma empresa pode cometer na Internet está nos domínios da publicidade. É o uso de técnicas de comunicação interpessoais (como as salas de chat e o ICQ) para fazer publicidade. Além de ser desagradável demais, é um desrespeito a um dos principais conceitos da Internet: não é a informação que deve chegar ao usuário, mas o usuário que vai atrás da informação. Isso é que se chama liberdade de escolha! As propagandas devem se limitar aos e-mails e, ainda assim, com uma série de cuidados, como:

● certificar-se de que o usuário possa ter de fato algum interesse no produto oferecido;

● não colocá-lo dentro de uma enorme lista de clientes (destinatários do mesmo e-mail);

● dar opções para que ele possa se auto-excluir do seu mailing list (e, evidentemente, respeitar essa opção);

● não mandar imagens ou "objetos" grandes pelo e-mail;

● identificar de maneira clara e objetiva no campo "assunto" que se trata de uma mensagem publicitária.

Se para os e-mails pessoais o padrão de vocabulário a ser seguido é mais próximo ao do telefone, no caso do e-mail profissional, o texto deve ser um pouco mais formal. O ideal é que se imagine uma carta, exatamente da mesma forma que se faria com o atendimento tradicional.

Na verdade, a troca de mensagens entre fornecedores e clientes pela Internet deve ser encarada como uma *troca de documentos*. Embora ainda não haja um consenso sobre a validade legal dos e-mails, para o cliente não há diferença entre um compromisso firmado em papel ou por meio eletrônico. Os dois expressam a "palavra de honra" da empresa e devem ser seguidos fielmente.

Organização de uma mailing list

Não há nada mais inconveniente na Internet que os e-mails indesejados sobre assuntos em relação aos quais você não tem nenhum interesse. Isso acontece principalmente por culpa das empresas que não dão um tratamento personalizado às suas listas de contatos. É fundamental que cada cliente-internauta tenha suas afinidades levadas em consideração pelas empresas que queiram fazer negócios na rede.

Mais do que acertar a sintonia com o internauta, é fundamental dar a ele a opção de receber ou não correspondências. O ideal é que, em qualquer transação, seja perguntado se ele deseja ou não receber "notícias", "novidades", "promoções" ou outras mensagens. Ainda assim, a cada e-mail enviado, deve ser dada a opção "exclua-me" para que, a partir dali, o usuário deixe de receber mensagens, se assim decidir.

Sua janela para o mundo

Ter uma página na Internet não é mais privilégio de empresas, organizações, celebridades ou viciados em informática. Com o surgimento de programas para edição em HTML (para quem não sabe, essa é a linguagem na qual grande parte das páginas é escrita) cada vez mais simples e "amigáveis", já é possível a qualquer usuário minimamente familiarizado com a rede colocar uma página no ar. Para baratear custos, também existem vários provedores que fornecem hospedagem gratuita em troca de publicidade.

O grande problema é que as páginas pessoais ainda não acordaram para as suas possibilidades na comunidade virtual. Em vez de desempenhar o papel de representar a voz das maiorias silenciosas, do cidadão comum que não tem acesso aos meios de comunicação tradicionais, essas páginas muitas vezes não passam de uma cole-

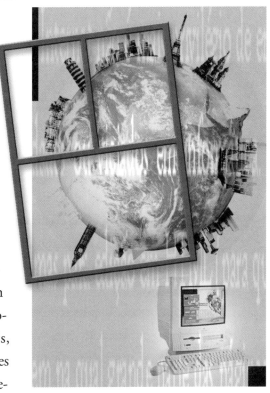

ção de links e textos mal redigidos, sem nenhum interesse ou novidade.

A primeira dica para quem quer aventurar-se no mundo da comunicação global é esta: seja criativo ou, pelo menos, útil.

Links são bem-vindos, desde que organizados com objetividade e dentro de uma área específica da Internet. Misturar fotos de revistas eróticas com museus e publicações científicas apenas faz com que sua página perca interesse e credibilidade.

Como a maioria dos internautas às vezes sente-se perdida nesse mar de informações, os links de páginas pessoais são importantes para que todos possam compartilhar de suas viagens e, quem sabe, criar novos caminhos a partir da sua experiência. Deixar bem claro quais são suas áreas de interesse é útil também para a troca de informações com outros internautas que gostam dos mesmos assuntos que você, enriquecendo sua página e, por conseqüência, toda a rede.

Além dos links, procure ser um prestador de serviços. Há centenas de sites na Internet capazes de resolver problemas objetivos das pessoas, desde aqueles das empresas de energia elétrica até páginas dedicadas à previsão do tempo ou a mostrar a movimentação das estradas. É muito simpático manter links para essas páginas porque, além de tornar o seu site mais útil, elas podem incentivar o governo e as empresas a investirem cada vez mais na prestação de serviços online.

Informações pessoais

Manter informações pessoais na rede pode ser perigoso. Hoje em dia, com a sofisticação cada vez maior dos picaretas de plantão, devemos ter um certo cuidado com os dados que deixamos disponíveis a todos. Mas isso não impede de nos apossarmos de um pedaço da rede mundial para compartilhar um pouco de nossas vidas com a comunidade.

Naveguei uma vez pelo site de uma estudante gaúcha que mantinha um diário na Internet. Um diário exatamente igual aos que ainda são escritos pelas adolescentes do mundo inteiro, contando sensações, histórias (até as mais banais), falando de

relacionamentos amorosos, brigas com as amigas e conflitos com os pais. Pensei no paradoxo dessa situação: os textos extremamente pessoais e íntimos, que normalmente são escritos às escondidas, estavam ali escancarados para qualquer pessoa do mundo equipada com um modem e um computador.

Mas a adolescente (presumo que seja uma adolescente pelo teor dos textos) não dizia de si nada mais que o nome. Descobri que era gaúcha por algumas indicações que dava (por exemplo, quando dizia que odiava o chimarrão do pai). Não havia sequer o nome da cidade ou a idade. De maneira que aquelas páginas não eram senão um texto espontâneo, um relato detalhado dos pensamentos, atos e idéias de uma adolescente. Com pouquíssimos recursos, a gauchinha montou uma página interessante e cheia de emoções.

Há também o caso dos álbuns de fotografias. Encontrei um particularmente interessante: as fotos se seguiam sem texto explicativo algum. Clicando-se em uma, carregava-se outra tirada alguns anos depois. Esse túnel do tempo virtual começava com a tradicional foto de um casal, identificado como os pais do autor. Depois seguiam-se as fotos da infância, da adolescência e, em um clique de mouse, o garotinho magricela ganhava uma longa cabeleira e calças boca-de-sino. Assim vinha a formatura, o casamento, fotos dos filhos, e o passeio encerrava-se com um respeitável senhor de meia-idade e cabelos grisalhos sorrindo em um retrato despretensioso. Uma vida em 20 imagens, transmitidas sem palavras para todos os cantos do mundo.

Páginas como essas mostram o verdadeiro espírito da comunicação pela Internet: o espírito de integração, troca de experiências e informação descentralizada.

Nos dois casos, no entanto, os autores souberam se preservar. Não transmitiram nenhuma informação que pudesse chamar a atenção de estelionatários e mal-intencionados. Finalmente, se devemos ter todo esse cuidado com as nossas informações pessoais, com as de terceiros a atenção deve ser redobrada. Não divulgue dados, fotografias, citações, enfim, nenhum byte de informação sobre outras pessoas sem que elas estejam sabendo de suas intenções e concordem em participar de sua página.

Mesmo que você tenha obtido uma fofoca quentíssima na própria rede, não embarque nessa. Além de ser deselegante exibir por aí a intimidade alheia, isso pode até resultar em processo judicial. Ainda não temos uma legislação muito precisa sobre a Internet, mas, nesse caso nem é necessário: o uso desautorizado da imagem e a divulgação de informações pessoais já é suficiente para dar dores de cabeça a qualquer um em qualquer veículo.

Efeitos especiais

No que se refere a elegância, na Internet, como na vida, menos é sempre mais. Não se deixe seduzir pelas facilidades no tratamento de imagens enchendo páginas e páginas com animações pesadas, que, em vez de embelezar, só poluem o visual e irritam os usuários de máquinas menos potentes. Ninguém gosta de ficar horas esperando uma página carregar para descobrir que toda aquela demora foi causada por um cachorrinho em três dimensões que não fazia nada a não ser correr de um lado para o outro da tela.

Se você não resistir aos fascínios da tecnologia visual, pelo menos avise seus interlocutores que aquela imagem pode demorar para carregar. Outros avisos importantes: compatibilidade do browser, resolução do monitor, necessidade de recursos multimídia e plug-ins. Neste último caso, um link para a página que possibilite o download do programa utilizado é sempre necessário.

As páginas com trilha sonora devem ter ainda uma opção para o usuário desligar a música. Você, internauta elegante, não vai forçar seu visitante a desligar as caixas acústicas para não acordar a casa inteira ou para não chamar a atenção do chefe na sala ao lado, não é?

As páginas de ódio ganharam uma certa fama há algum tempo, na época da novela *Por Amor*, exibida pela Rede Globo. Um grupo de internautas-noveleiros criou um site chamado "Eu odeio a Eduarda", fazendo referência ao personagem vivido pela atriz Gabriela Duarte. No site, além de participar de um abaixo-assinado endereçado ao autor da novela pedindo a "extinção" da Eduarda, os usuários podiam cometer um "assassinato virtual" contra um desenho que representava a personagem. Virou moda e hoje há sites que odeiam qualquer coisa (inclusive um intitulado: "Eu odeio sites que odeiam").

Nada contra essas páginas, que têm por princípio apenas a brincadeira. Não sejamos tão politicamente corretos a ponto de considerá-las uma ofensa ou um caso de segurança pública.

O problema começa quando a situação sai do controle. Sites que incitam a violência, combatem minorias, ensinam técnicas de terrorismo e outras barbaridades devem ser tratados pela polícia e não pela netiqueta. Inclua-se aqui toda a ordem de lunáticos suicidas e fanáticos religiosos que pregam a conversão à força ou o extermínio dos "infiéis".

Para não ser confundido com nenhuma dessas categorias, deixe claro a todo momento que o site trata de uma brincadeira. E também não custa nada fazer uma página inicial avisando sobre o conteúdo que será mostrado.

Esse tipo de página pode ser interessante para cutucar personagens e/ou empresas que não estão desempenhando bem seu trabalho. Elas são uma boa maneira para clientes e consumidores demonstrarem, sempre de um jeito bem-humorado, a sua insatisfação com a qualidade dos serviços que recebem.

Páginas de ódio referindo-se a pessoas em particular certamente são de péssimo gosto, a não ser quando justificadas por motivos reconhecidos em unanimidade. No caso de políticos sabidamente corruptos, ou com idéias de jerico, talvez uma pagininha assim até ajude...

Para aumentar os acessos

A boa página é a que presta serviços, traz informações confiáveis e, acima de tudo, respeita e facilita a vida de seus visitantes. Assim, aqui vão algumas dicas para tornar sua página mais amigável e atrair muitos visitantes:

● Deixe sempre um endereço eletrônico para que as pessoas interessadas nos assuntos tratados em sua página possam lhe enviar um e-mail. Além de criar um canal de comunicação, esse cuidado simples dá mais credibilidade ao conteúdo divulgado. Sua página deixa de ser uma carta anônima e passa a indicar que existe alguém responsável pelas informações. Para responder aos e-mails que chegarem, valem as dicas do capítulo E-mails, além de um detalhe: identifique-se como o autor da página, de preferência já no "assunto" do e-mail. Assim o destinatário poderá saber do que se trata mais rapidamente.

- Se o site for extenso, crie uma página-mapa para facilitar a navegação.

- Não se esqueça também de sempre deixar uma opção na tela para retornar à página anterior. Isso já virou um padrão da Internet e é comum as pessoas perderem tempo procurando pelo botão de voltar quando ele não é exibido de maneira clara. Só depois de gastarem alguns minutos fazendo isso é que elas recorrem à opção "back" do navegador.

- Não encha as páginas de objetos "pesados".

- Faça um breve comentário sobre as páginas que indicar. Assim, você estará economizando preciosos minutos de seus visitantes, além de garantir a eficiência dos links.

- Uma informação importante que deve estar contida nessa descrição é o idioma no qual a página foi escrita. Não dá para partir da suposição de que todo internauta tem fluência em inglês. Se possível, também informe sobre atualizações nas páginas para as quais você possui um link. Isso vai dar ao seu site um ar dinâmico e bem cuidado.

- Não coloque muitos banners. Apesar de o sistema de intercâmbio de banners eventualmente aumentar as visitas à sua página, se ela ficar carregada demais, todo o seu esforço de diagramação clara e objetiva vai por água abaixo. Os internautas podem até cair na sua página com freqüência, mas pensarão duas vezes antes de voltar até ela.

- Procure uma comunicação visual clara e informativa. Os ícones devem ser auto-explicativos, mesmo que não sigam convenções. A mesma idéia se aplica aos links para entradas em páginas dentro do próprio site. Ninguém tem obrigação de saber que o hyperlink "Pipoca" leva até uma relação de filmes que você recomenda em seu site. Porque não um simples e direto "Filmes recomendados"?

- Certifique-se de que a cor de fundo permita uma leitura agradável dos textos. Se as letras e o fundo forem de cores muito próximas, há uma grande chance de os internautas passarem direto pelo conteúdo simplesmente porque não conseguiram identificá-lo. Tenha cuidado também na mudança de cor que acontece quando um link é clicado. A nova cor que surgir também não deve se confundir com o fundo. O mesmo princípio serve para ilustrações cheias de detalhes, que podem acabar prejudicando a leitura dos links.

- Dê o devido crédito às imagens que usar, como o nome do fotógrafo ou o museu de origem das obras de arte reproduzidas. Mais que uma questão de direitos autorais, isso demonstra respeito aos profissionais e dá aos visitantes a segurança de que estão visitando uma página comprometida com as informações que veicula.

- Capriche na redação. É terrível navegar por páginas que agridem a língua portuguesa. Cuidado especial com os termos técnicos e com o "Internetês". Nem todo mundo está acostumado ao jargão dos internautas, e você deve estar preparado para receber todo tipo de visitante.

- Conteúdo erótico: é indispensável o aviso pedindo que menores de 18 anos não entrem. Também é simpático engajar-se em campanhas positivas como o "não à pornografia infantil".

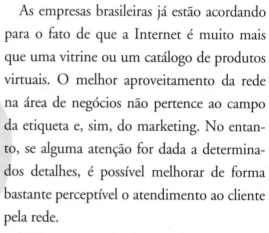

Vantagem competitiva

As empresas brasileiras já estão acordando para o fato de que a Internet é muito mais que uma vitrine ou um catálogo de produtos virtuais. O melhor aproveitamento da rede na área de negócios não pertence ao campo da etiqueta e, sim, do marketing. No entanto, se alguma atenção for dada a determinados detalhes, é possível melhorar de forma bastante perceptível o atendimento ao cliente pela rede.

Basicamente, o fundamental para uma página de negócios é que ela seja também uma prestadora de serviços. E deve agregar também atendimento pós-venda, informações úteis sobre serviços e produtos, canais de comércio online e mecanismos para facilitar o acesso a meios de comunicação tradicionais.

Por que ter uma página?

Ainda que, por enquanto, as vendas pela Internet não respondam por uma fatia muito grande do faturamento das empresas que estão na rede, o comércio eletrônico não é uma tendência para o futuro. É uma realidade presente e uma ferramenta de marketing imediata.

Há algum tempo, olhávamos com desconfiança para as empresas que não tinham impresso um número para fax em seus materiais de divulgação. Empresa que não tinha fax era empresa de fundo de quintal ou tão desatualizada que chegava mesmo ao limite da incompetência. Hoje, o mesmo acontece com a Internet. É cada vez mais comum a pergunta: "Qual o seu endereço na Internet?". E quem responde "Não tenho" acaba passando, no mínimo, por um sujeito excêntrico.

Fora isso, um dos fatores determinantes para o sucesso de uma página na rede é o fato de ela ser conhecida pelos internautas. Na velocidade com que cresce o comércio eletrônico, em pouquíssimo tempo ele será uma fonte de renda inestimável, colocando na frente as empresas que chegaram primeiro e já têm seu endereço conhecido pelos usuários.

Endereços

É importante que o **domínio** (o nome que vem depois do "@" e antes do ".com.br") seja o nome da empresa e não o do provedor de acesso. Isso ajuda a memorização do endereço e economiza tempo com pesquisas.

Fuja dos provedores que hospedam páginas gratuitamente. Eles dão um certo ar provisório ou improvisado à página, além de não inspirar muita confiança nos usuários e, de quebra, poluir visualmente o site com as publicidades obrigatórias que sustentam os "hospedeiros". O ideal, quando se procura por alguma empresa na rede, é digitar no browser simplesmente o www.nome_da_empresa.com.br.

Assim como as empresas, os profissionais também não podem ficar de fora da Internet por muito tempo. Não dá mais para dispensar o endereço de e-mail no cartão de apresentação e não valem endereços genéricos só com o nome da empresa. Por exemplo: a empresa que se chama "Internex" **não** deve imprimir nos cartões de seus funcionários endereços do tipo: Internex@provedor.com.br.

Isso dá a impressão de que todos os e-mail caem em uma central e depois são distribuídos aos funcionários a que são destinados, eliminando qualquer possibilidade de privacidade e tornando lento o processo de informação. O ideal é que cada um tenha seu próprio endereço, com o domínio da empresa. Assim: jsilva@internex.com.br.

Devem-se evitar também os serviços de e-mail gratuitos disponíveis na rede. Além de não remeter ao nome da empresa, esses endereços dão uma sensação de pobreza franciscana. No mundo dos negócios, como na vida, as aparências contam, sim! Será que a sua empresa não tem dinheiro para investir em uma simples e barata conta própria de e-mail?

Venda

É importante para qualquer empresa oferecer o máximo possível de conforto e alternativas a seus clientes. Assim, eles devem ter sempre várias opções de pagamento, em vez de serem obrigados a comprar pelo cartão de crédito. Nem todo mundo confia na rede a ponto de digitar o número de seu cartão e enviá-lo pela linha telefônica, onde está sujeito a toda sorte de piratarias e trambiques. Algumas empresas já perceberam isso e permitem o pagamento por cheque ou depósito bancário, driblando a resistência dos consumidores mais desconfiados.

Em todos os casos, o consumidor não pode ficar sem um

retorno da empresa em relação ao recebimento dos pedidos. Essa mensagem pode ser enviada por e-mail, mas é muito interessante (e reconfortante) se o cliente puder contar com uma confirmação telefônica, principalmente para acertar a data de entrega do produto. Só assim ele terá certeza de que realmente fez uma compra *real* no mundo *virtual*.

Ainda para as empresas que trabalham ou querem trabalhar com o *e-commerce*, vale a dica: os preços dos produtos devem constar da home page, evidentemente com valores atualizados. Algumas empresas não colocam o preço na página, criando o enorme inconveniente de obrigar o cliente a visitar a loja real ou ligar para obter informações mais precisas. É um tremendo contra-senso, além de ser extremamente irritante. Essas páginas estão fadadas a ter problemas no futuro, porque as pesquisas são unânimes ao afirmar: o consumidor da Internet quer praticidade. Quem não facilitar ao máximo a vida do cliente certamente vai perder espaço.

A Internet não deve ser encarada apenas como um canal a mais entre empresa e consumidor, agregado a outros meios como a carta, o fax ou o telefone. A rede tem características diferenciadas e, principalmente, atende a um consumidor diferenciado (pelo menos por enquanto, já que ela ainda não é tão difundida quanto o telefone). São pessoas de poder aquisitivo de médio para cima, geralmente exigentes quanto à qualidade de atendimento.

Por isso, é importante que seja implantada uma nova rotina na empresa para o atendimento online. Alguém (ou uma equipe) com amplo acesso a informações tem de ficar encarregado de ler e-mails, encaminhar as perguntas e queixas, responder, organizar mailing lists, zelar pela atualidade da página, enfim, responsabilizar-se pelo atendimento de maneira específica. Os scripts de telemarketing e as estruturas para correspondência tradicional não atendem à expectativa dos consumidores online.

Nesse setor, a velocidade é crítica. Responder aos e-mails apenas uma vez por dia pode depor seriamente contra a imagem da empresa junto ao mercado.

Conteúdo das páginas

Informação, precisão, atualização – sobre esse tripé está assentada a eficiência de uma página comercial sob o ponto de vista da comunicação.

"Informação" inclui riqueza de imagens, detalhes e capacidade de interação, já que o consumidor não está passivamente diante de um anúncio, mas de um canal de comunicação, que, pressupõe-se, tem condições de responder às questões mais específicas e técnicas.

Nas páginas empresariais é fundamental também que o design esteja subordinado à praticidade e à informação. De nada adianta uma página cheia de efeitos e animações que necessite de vários programas auxiliares, demore para carregar e não informe o que é útil. Esse é o grande desafio para webdesigners, webmasters e webwriters: conciliar beleza, praticidade e informação.

Aqui estão alguns itens que não podem faltar em qualquer página comercial:

- e-mail para contato com o webmaster – para resolver problemas técnicos e comunicar "bugs" como links inativos, imagens perdidas etc.;

- e-mail dos diversos departamentos da empresa – na falta deste, um e-mail para o atendimento ao cliente ajuda, mas não é o ideal. Dando-se diversas opções ao cliente, ele terá a sensação de que está falando diretamente com a pessoa certa;

- telefone e endereço para contato – parece óbvio, mas muitas empresas simplesmente não fornecem nenhuma forma de contato tradicional nas páginas da Internet. Isso se torna uma frustração porque, às vezes, o cliente quer uma simples informação direta e vê-se constrangido a enviar um e-mail, sujeito à demora na resposta;

- mapa do site – principalmente para páginas mais complexas, facilitando a navegação e evitando perda de tempo;

- links externos – um dos maiores atrativos da Internet é o "surfe": andar de um lado para outro sem sentir-se preso a nenhuma página. Para qualquer internauta mais experimentado, não é nada agradável chegar a um "beco sem saída", uma página fechada em si mesma e que não leva a lugar nenhum.

O amante virtual
é perfeito. Por não
ter identidade
ou rosto, podemos
imaginá-lo na
medida certa para
preencher nossas
fantasias e sonhos.

Rede de encontros

A Internet ampliou incrivelmente a possibilidade de encontros ao acaso. Agora, sem sair de casa, é possível em alguns minutos falar com várias pessoas ao mesmo tempo. Encontros fortuitos que evoluem para apaixonados namoros virtuais são muito comuns. Com uma vantagem: protegidos pelo anonimato, os amantes virtuais podem – sem grandes dores de cabeça ou temor de perseguição – simplesmente desaparecer da vida (e da tela) de seu parceiro/a assim que a grande paixão perder a graça. E, com um intervalo de dias, ou apenas alguns minutos, o "Moreno Sexy" reaparece como "Gato Escaldado", pronto para outra investida.

Essa sensação de segurança, além de ilusória, é perigosa. Como na vida real, essas paixões podem terminar em casamento, brigas homéricas ou numa simples fossa passageira. E, da mesma forma que na vida, é preciso tratar esses envolvimentos, como qualquer relacionamento interpessoal, com uma certa delicadeza e os cuidados que cada caso requer.

É um contra-senso não é? E também transcende completamente os limites da netiqueta. Até porque, ainda há uma grande controvérsia sobre o que é considerado infidelidade, uma vez que o contato muitas vezes se restringe ao ambiente virtual.

No entanto, virtual ou não, a infidelidade envolve mais de duas pessoas e, invariavelmente, uma delas pode sair muito machucada. Sob esse aspecto, é possível, sim, manter uma certa compostura. É claro que vai depender do respeito e consideração que se tem pela pessoa "real" com quem estamos vivendo. E de **até que ponto** realmente queremos preservar esse relacionamento.

Provavelmente, é muito mais difícil viver um caso extraconjugal virtualmente do que ao vivo. Pense bem: pelo fato de o computador ficar em nossa casa ou no escritório, relativamente exposto ao escrutínio de terceiros, torna-se mais difícil encobrir encontros explosivos durante horas ou conter a vontade de acessar a outra parte a todo momento, babando de paixão...

Também acho complicadíssimo digitar declarações sedutoras e bombásticas ou cenas eróticas ao pé do computador de um amante virtual, cercado(a) de filhos, com os colegas circulando ao redor ou mesmo o próprio parceiro(a) volta e meia interrompendo por algum motivo prosaico.

Ah, claro! Há os amantes da madrugada, quando tudo se aquieta. Nesse caso...

Certo, cada caso é um caso. No entanto, esse é um assunto delicadíssimo e, se eventualmente você estiver vivendo qualquer coisa parecida, tome cuidados redobrados e triplos para não extrapolar e perder de vez o controle. O que, aliás, pode ocorrer com mais facilidade em um tórrido romance na rede do que em uma resguardada ilha do Caribe.

Enfim, virtual ou não, é importante que não se percam os parâmetros: infidelidade é uma traição, sim, no mínimo ao carinho e a confiança que a outra pessoa deposita em quem a comete.

Azarando na rede

Alex, meu amigo, ao saber sobre o tema deste livro, mandou-me um e-mail pedindo que abordasse um pouco o assunto da paquera virtual. Em suas próprias palavras:

> "Muitas vezes, depois do expediente,
> a galinhagem fica insuportável..."

A partir desse seu comentário, passei a observar melhor o que ocorria em algumas empresas após as cinco ou seis da tarde. E, surpresa, percebi que, apesar de ainda se encontrarem em suas mesas de trabalho, as pessoas relaxavam e começavam a se comportar como se estivessem em uma roda de bar.

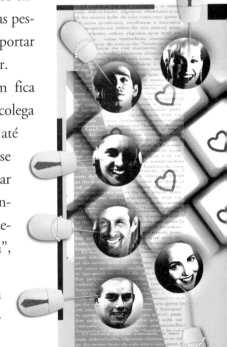

O volume de voz aumenta, o tom fica mais debochado, algumas chamam o colega do outro lado da sala com um grito (e até com assobios), mulheres e homens se agrupam ao redor de um micro para dar palpites sobre alguém que está na berlinda... uma verdadeira metamorfose, decorrência do início do "horário da caça", como definiu-me um outro amigo.

Ora, não há nenhum problema em começar a se divertir uma vez encerrado o expediente. No entanto, é bom lembrar que muitas pessoas que continuam no recinto podem realmente ainda estar trabalhando e não já na fase da happy hour cybernética. Por isso, fique ligado em sua atitude, pois, por mais quente que seja o babado rolando do outro lado de seu computador, nem todos estão preparados para compartilhá-lo com você naquele momento específico. Além disso, para quem está de fora, seu comportamento pode parecer, no mínimo fora de contexto e – em casos mais extremos – pouco profissional.

Por outro lado, é bom lembrar que a rede, como qualquer outro ambiente, permite conhecimentos, relacionamentos e assédios das mais variadas formas e estilos. Usar seu computador como um escudo para extravasar em mensagens as fantasias e recalques da vida inteira pode ser perfeitamente válido, contanto que se tenha **consciência disso** – e, naturalmente, está longe de ser o ideal.

Na vida real, ninguém acha muita graça em abordagens grosseiras, cantadas agressivas ou declarações chulas e pouco criativas. Por que motivo, então, esse tipo de coisa deveria funcionar na Internet?

É claro que essa atitude pode até gerar um determinado tipo de resposta ou reação. Mas, no fim, acaba afastando as chances de um relacionamento mais pleno ou gratificante.

Lembre-se que a rede – ao contrário do que se imagina – não vai protegê-lo de si mesmo/a. Ao contrário: ela aproxima e expõe pessoas e identidades a milhares de outros usuários.

Por isso, se quiser ser atraente, procure agir da mesma forma: seja elegante, coerente, use charme, criatividade e senso de humor. E não apele para aquele tipo inútil de "sinceridade agressiva", se não quiser ser tratado da mesma forma.

Ao entrar em um grupo de discussão, devemos adotar uma atitude ligeiramente diferente da que assumimos em um chat comum ou trocando e-mails.

Na verdade os fóruns e listas são ambientes freqüentados por pessoas altamente especializadas, que estão ali para trocar informações e que, normalmente, não têm muita paciência com generalidades ou comentários banais.

Por essa razão, é aconselhável, manter em perspectiva suas limitações e usar um pouco mais de "cerimônia" (o termo é antigo, mas adequado).

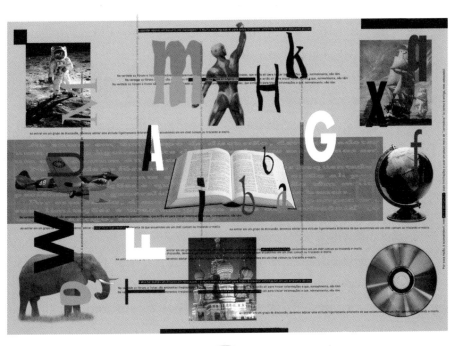

- Clareza e objetividade são sempre necessárias, porém em uma discussão de grupo tornam-se vitais – até mesmo para provar melhor seu ponto de vista em meio ao dos demais especialistas.

- Procure abordar apenas um assunto por mensagem – é muito mais agradável para todos. Encavalar informações em um ambiente desses equivale a, pessoalmente, matraquear sem parar pulando de um assunto a outro, sem dar tempo ao interlocutor de pensar em uma resposta. Além disso, também é conveniente mandar poucas mensagens – três ou quatro por dia, no máximo –, pois certas listas chegam a atingir mais de cem mensagens por dia em razão do elevado número de usuários.

- Se for um novato no grupo, procure ambientar-se antes de se manifestar: leia mais e tecle menos. Até ter mais certeza de como suas opiniões serão recebidas.

- Não radicalize. Seja firme sem ser agressivo. É uma lista de discussão e não um tribunal de júri.

- Toda lista de discussão tem um ou mais membros antigos que são respeitados como autoridades no assunto. Não convém questionar demais suas opiniões. Ele não conquistou esse respeito à toa. Para que comprar uma briga com todo o grupo?

- Manifestações genéricas como "É isso aí!" ou "Eu não sei" não acrescentam nada à discussão e são completamente dispensáveis.

- Ao sentir que deu uma bola fora ou foi mal interpretado, esclareça rapidamente a situação e, se for preciso, retrate-se. Assim mesmo: pedindo desculpas e colocando um fim ao mal-entendido.

A Internet fascina e aterroriza

Fascina por sua incrível agilidade, pelas inúmeras facilidades e pelo conforto que pode trazer à nossa vida. Pelo mistério do anonimato e pela proximidade que promove – virtual ou não. Pela inimaginável quantidade de informações que reúne e por todas as janelas abertas a novas experiências que representa.

Aterroriza pela sua magnitude, pela incompreensão de seus limites, por sua constante transformação, que nos exige um jogo de cintura fora de série para assimilar as novidades que apresenta a cada segundo.

No entanto, de todas as mudanças ocorridas com a Revolução da Informação, não há nada que tenha sido mais atingido do que a nossa privacidade. Certo, o conceito de privacidade mudou muito. E justiça seja feita: isso começou a ocorrer muito antes da Internet. O mundo todo parece sofrer de algo que muito oportunamente foi definido em um debate na televisão, como "evasão de privacidade"

Antigamente, as fotografias eram guardadas com cuidado em álbuns abertos apenas na intimidade do lar ou para amigos mais próximos. E, quando expostas, ficavam sobre móveis das salas íntimas das casas.

Hoje todo mundo acha natural ver pessoas – públicas ou não –

exibindo suas peças íntimas em guarda-roupas escancarados nas páginas de revistas, posando para fotos de roupão sentadas sobre o vaso sanitário e, de quebra, deixando à mostra caixas dos remédios que tomam como se fossem bibelôs de coleção.

Sherlock Holmes, que traçava acurados perfis psicológicos a partir de um mero objeto do suspeito em questão, não acharia a menor graça em proceder a uma investigação nos dias que correm. Seu talento dedutivo seria completamente desperdiçado, uma vez que os momentos mais íntimos dos indivíduos são fotografados, relatados e consumidos vorazmente por outros, que, por sua vez, sonham um dia também exibir sua vida e intimidade da mesma forma.

Não cabe aqui nenhum julgamento. Apenas a constatação de que a privacidade, antigamente defendida ferozmente, a qualquer preço, hoje parece um artigo pouco valorizado ou – o que é pior – um luxo do qual as pessoas simplesmente abriram mão pela dificuldade em preservar.

E nesse ponto, a Internet colaborou, sim, para desafiar os já frágeis limites e até estabelecer uma nova ordem.

A questão é: quais são os novos limites?

O que é aceitável e o que é discutível? O que entra no terreno da ética e o que é simplesmente uma questão de comportamento? Só saberemos com o tempo e com uma profunda consciência de que é preciso estar muito atento.

Não se trata de encarnar o advogado do diabo: ao longo de pesquisas e entrevistas com usuários da rede, a questão da privacidade e segurança mostrou ser uma das preocupações mais freqüentes, sobre a qual é importante refletir.

De um lado temos as vantagens da comunicação – online ou não – extremamente facilitada. A incrível (r)evolução que vem ocorrendo com o e-commerce e mais recentemente o M-commerce (comércio eletrônico móvel). A contrapartida é uma exposição muitas vezes involuntária ou, pelo menos, com reflexos imprevisíveis.

As técnicas de rastreamento são sofisticadíssimas e permitem às empresas (ou a qualquer indivíduo mais bem equipado) cadastrar, classificar, selecionar e – em alguns casos – discriminar seus clientes, de acordo com os dados obtidos.

Basta lembrar o exemplo de um banco da Califórnia que usava a informação para classificar seus clientes como A, B e C junto ao departamento de atendimento ao cliente. Naturalmente, os "C"s, menos favorecidos – por não corresponderem ao perfil ideal traçado pela empresa – acabaram preteridos e descaradamente discriminados no que se referia a atendimento e serviços prestados pela instituição.

É um contra-senso pensar que, sem tantos dados acessíveis, voltando à jurássica forma de atendimento no balcão, esse tipo de coisa seria evitada, uma vez que obrigaria a empresa a tratar todos os seus clientes de forma mais democrática.

Este tipo de segmentação, que acaba resultando no mau uso da informação, é o que os americanos chamam de weblining. É claro que há quem alegue que o problema não está nesses superprogramas, mas sim no mau uso e no destino que se dá a eles. Como acontece, aliás, com todos os grandes inventos.

Em uma escala maior, o mesmo se aplica a todo o novo universo virtual que apenas começa a nos ser revelado. O uso e a transmissão de informações em rede, aplicados à medicina, por exemplo, permitem fazer diagnósticos precisos, baratear custos, incrementar pesquisas e – em última análise – salvar um número maior de vidas. Mas também deixam vulneráveis informações altamente confidenciais e privativas dos pacientes – desde simples quadros clínicos a elaborados perfis psicológicos. Ao deixar os limites do consultório, esses dados podem servir a qualquer propósito – podendo até mesmo ser manipulados por corretores inescrupulosos de seguros de saúde.

Esse tipo de invasão pode atingir qualquer setor. Esta queixa, por exemplo, é de uma mãe americana: ela sente-se profundamente incomodada com a quantidade de dados sobre sua vida armazenados pela escola de seu filho. "Uma coisa é terem o registro de suas notas e comportamento no período escolar. Outra, muito diferente, é vasculharem toda a nossa vida familiar: quanto ganhamos, em que empregos já trabalhamos, onde fazemos nossas compras, quanto gastamos e o que compramos. Que importância pode ter isso no que se refere à educação de meu filho?", questiona ela.

Não sem razão. Dados são dados. Mas na vida real o que vale é a "vivência" (palavra meio fora de moda). Ainda mais tratando-se de educação.

O que define os limites?

Notícias de quadrilhas de internautas que disseminam técnicas terroristas ensinando em detalhes como matar, torturar e seqüestrar pessoas, infelizmente já se tornaram comuns. As páginas estão lá, ao alcance de todos e, quando finalmente a polícia consegue localizá-los, não pode prendê-los. Ainda há uma enorme confusão sobre o que configura ou não crime no universo virtual. Como ainda não há uma legislação precisa a esse respeito, tanto a quadrilha quanto o hospedeiro, acabam quase sempre soltos.

Tudo isso só mostra o quanto toda a sociedade já está pra lá de atrasada em relação ao assunto. No Brasil, há alguns projetos para que se organize logo uma legislação nesse sentido. Mas ainda não passaram do papel.

E, até que essas leis "peguem" (estamos no país das leis que pegam e que não pegam) é a própria comunidade virtual que terá de definir e proteger esses limites.

Como a rede é um ambiente propício para transgredir limites, é importante ter muito claros os parâmetros e manter sempre nossos valores "reais" em perspectiva. Finalmente, na medida do possível, é preciso evitar transferir atitudes artificialmente (ou virtualmente) corajosas e/ou perigosas para o mundo real.

Como? Confesso que não sei bem. Porém, não devo ser a única a me sentir arrastada rápido demais por essa rede que nos envolve, ora sufocando, ora agasalhando, e que apresenta em sua trama infinitas possibilidades, impossíveis de assimilar em nossos limitados dias de 24 horas.

Procuro não me entregar à ansiedade de me atualizar com tudo nem me deslumbrar com tantas novidades, imediatamente aceitando-as como "o que há de melhor por ser o que há de mais eficiente"

Tento manter os pés no chão e viver as belezas e vantagens desses mundos complementares: virtual e real. É claro que não é fácil: o ponto de equilíbrio, a medida certa para acertarmos a mão nos relacionamentos e nos negócios, e nos integrarmos de maneira satisfatória à comunidade virtual é tão delicado de se alcançar e exige o mesmo tipo de atenção e esforço quanto aquele que despendemos no mundo real. Mas, certamente, é fascinante tentar.

Este é o momento

Pode-se dizer que a humanidade hoje está dividida em três grupos bem definidos: os que adotaram e defendem a Internet, por todo o progresso que ela representa, os que estão se familiarizando aos poucos e se integrando à rede conforme a necessidade; e, finalmente, os que resistem.

Provavelmente os que resistem o farão até o fim. Por incapacidade de mudar seus hábitos ou por pura teimosia – não importa: afinal essa é uma escolha particular. Na verdade, mais do que essa divisão em grupos, interessa muito mais o momento que vivemos, que considero decisivo.

Ora, nesta tão aclamada e esperada virada de milênio, com o mundo globalizado e a informática criando uma nova ordem com novos valores, cabe a nós, nascidos na segunda metade do século XX, orientar as futuras gerações quanto ao destino que darão a toda essa tecnologia.

Trocando em miúdos: o grupo que resiste tende a desaparecer. Sobra portanto a parcela que está aderindo aos poucos e os já completamente integrados à rede.

Seja como for, hoje, ainda está atuante e produtiva a geração pré-

Internet. Gente que ainda se lembra bem de como é viver, raciocinar e agir sem contar com tantas facilidades tecnológicas. Pessoas que sabem, por experiência própria, que não há necessidade de fazer tudo por meio da Internet. E que, por incrível que pareça, muitas vezes até preferem executar algumas tarefas "ao vivo", pessoalmente, e não virtualmente. Pois bem: essa geração é a última. Não há nada apocalíptico nessa constatação. Mas precisa ser feita, e devemos dar a ela o devido peso. E neste momento, como últimos remanescentes de uma era mecânica, é preciso que tenhamos consciência de nossa missão ou pelo menos – para não soar tão solene – da nossa responsabilidade.

Somos os pais e/ou professores/orientadores de toda uma geração que estará lidando, cada vez mais, com o universo virtual. Ora, embora hoje o virtual ocupe um espaço cada vez maior em nossas vidas, ainda viveremos por muito tempo em um mundo real.

E cabe a nós estabelecer os parâmetros para que esses cidadãos do futuro aprendam a transitar com harmonia e sem percalços entre os dois mundos. Devemos atuar como uma espécie de "ponte" para facilitar o relacionamento dessas crianças, futuros jovens e adultos. Não se trata de saudosismo e sim de perceber a importância de passar às futuras gerações a noção de que nada é excludente: não é porque se atua em um mundo virtual que se deve excluir o real. Não é porque determinada tecnologia é nova e muito eficiente que as anteriores devem ser automaticamente consideradas lixo não reciclável. Finalmente, toda a informação deve funcionar a nosso favor, para que nos relacionemos cada vez melhor com o mundo e não para que nos afastemos cada dia mais de suas sensações.

E este é o momento de aprender a lidar com tudo isso. De refletir, corrigir erros de julgamento, rota ou comportamento. Só assim estaremos correspondendo à altura a todos os benefícios trazidos pela revolução da Informação. Só assim terá valido a pena informar.

Emoticons são símbolos criados para expressar sentimentos e "assinar" mensagens. Para que sejam melhor compreendidos, devem ser "lidos" com a página "deitada", permitindo uma visualização mais clara.

[]'s	Abraços		I-)	Dormindo
(:-O	Assustado		*-)	Drogado
:-)'	Babando		X-)	Estrábico
:-)>	Barbudo		:-V	Falando
:-#	Beijo		:-)	Feliz
:-*	Beijo		B-)	Feliz e de óculos
:-X	Beijo		:-))	Muito feliz
(:-x	Beijo		/:-)	Francês
:-{	Bigode		:-i	Fumante
:-#)	Bigode		:-Q	Fumante
I-O	Bocejando		:-?	Fumante de cachimbo
(-:	Canhoto		:-j	Fumante sorrindo
(:-)	Careca		:-))))	Gargalhando
<I-)	Chinês		:-D	Gargalhando
:-O	Chocado		:-6	Gosto azedo na boca
:'-(	Chorando		:-)X	Gravata-borboleta
:'''-(	Chorando muito		:-@	Gritando
:-e	Desapontado		:-V	Gritando
i-)	Detetive		:-0	Impressionado

:-/	Indeciso	:-7	Sorriso irônico
:-"	Lábios franzidos	>:-)	Sorriso malicioso, maldoso
:-T	Lábios selados	X-)	Tímido ou com vergonha
:-9	Lambendo os lábios		
:-p	Língua na bochecha, brincadeira	:-(	Triste
:-t	Mal-humorado	:-c	Triste
:-I	Mal-humorado (Hhmmmph!)	(:-(	Muito triste
		:-((	Muito triste
:-}	Malicioso	:-(#)	Usando aparelho dentário
:-P	Mostrando a língua	d:-)	Usando boné
:+)	Nariz grande	d:-P	Usando boné e mostrando a língua
:^)	Nariz quebrado		
:-o	Oh, não!!!	[:-)	Usando headfones
<:-)	Pergunta boba	::-)	Usando óculos
:-/	Perplexo	8-)	Usando óculos
;-)	Piscando	R-)	Usando óculos quebrados
=:-)	Punk	:-[	Vampiro
:-C	Queixo caído	:-I<	Vampiro
:*)	Resfriado	:-<	Vampiro
@}—	Rosa	:-)=	Vampiro
O:-)	Santo	:-II	Zangado
I:-)	Sobrancelhas espessas		

SUFIXOS

É importante conhecer o significado dos sufixos dos endereços eletrônicos, pelo menos os mais usados, para identificar facilmente a proveniência das mensagens.

ABREVIATURAS DOS PAÍSES

Essas abreviaturas aparecem normalmente no final dos endereços eletrônicos. Vale a pena conhecer.

com	Empresas comerciais ou indivíduos de qualquer país
edu	Instituições educacionais (escolas e universidades)
gov	Órgãos e departamentos do governo
int	Instituições internacionais, como a OTAN
mil	Instalações militares
net	Companhias ou organizações que administram grandes redes
org	Organizações sem fins lucrativos e outras que não se enquadram em nenhum dos outros casos, como as ONGs

ac	Ilha Ascensão (Território do Reino Unido)
ad	Andorra
ae	Emirados Árabes Unidos
af	Afeganistão
ag	Antígua e Barbuda
ai	Anguilla (Território do Reino Unido)
al	Albânia
am	Armênia
an	Antilhas Holandesas
ao	Angola
aq	Antártida
ar	Argentina
as	Samoa Americana
at	Áustria
au	Austrália
aw	Aruba (Território da Holanda)
az	Azerbaijão
ba	Bósnia-Herzegóvina
bb	Barbados
bd	Bangladesh
be	Bélgica
bf	Burkina Faso
bg	Bulgária
bh	Bahrein

bi	Burundi	eg	Egito
bj	Benim	eh	Saara Ocidental
bm	Bermudas (Território do Reino Unido)	er	Eritréia
		es	Espanha
bn	Brunei	et	Etiópia
bo	Bolívia	fi	Finlândia
br	Brasil	fj	Fiji
bs	Bahamas	fk	Ilhas Falkland (Malvinas) - (Território do Reino Unido)
bt	Butão		
bv	Ilha Bouvet (Território da Noruega)	fm	Micronésia
		fo	Ilhas Faeroe
bw	Botsuana	fr	França
by	Bielarus	ga	Gabão
bz	Belize	gd	Granada
ca	Canadá	ge	Geórgia
cc	Ilhas Cocos (Território da Austrália)	gf	Guiana Francesa
cd	Congo (ex-Zaire)	gg	Guernsey (Território do Reino Unido)
cf	República Centro-Africana	gh	Gana
cg	Congo	gi	Gibraltar (Território do Reino Unido)
ch	Suíça		
ci	Costa do Marfim	gl	Groenlândia (Território da Dinamarca)
ck	Ilhas Cook (Território da Nova Zelândia)	gm	Gâmbia
cl	Chile	gn	Guiné
cm	Camarões	gp	Guadalupe (Território da França)
cn	China		
co	Colômbia	gq	Guiné Equatorial
cr	Costa Rica	gr	Grécia
cu	Cuba	gs	Ilhas Geórgia do Sul e Ilhas Sandwich do Sul (Territórios do Reino Unido)
cv	Cabo Verde		
cx	Ilha Christmas (Território da Austrália)	gt	Guatemala
cy	Chipre	gu	Guam e Ilhas Wake (Territórios dos Estados Unidos)
cz	República Tcheca		
de	Alemanha	gw	Guiné-Bissau
dj	Djibuti	gy	Guiana
dk	Dinamarca	hk	Hong Kong (Território da China)
dm	Dominica		
do	República Dominicana	hm	Ilhas Heard e McDonald (Territórios da Austrália)
dz	Argélia		
ec	Equador	hn	Honduras
ee	Estônia	hr	Croácia (Hrvatska)
		ht	Haiti

hu	Hungria	mc	Mônaco
id	Indonésia	md	Moldova
ie	Irlanda	mg	Madagascar
il	Israel	mh	Ilhas Marshall
im	Ilha de Man (Território do Reino Unido)	mk	Macedônia
		ml	Mali
in	Índia	mm	Mianmar
io	Território Britânico do Oceano Índico	mn	Mongólia
		mo	Macau (China)
iq	Iraque	mp	Ilhas Marianas do Norte
ir	Irã	mq	Martinica (Território da França)
is	Islândia		
it	Itália	mr	Mauritânia
je	Jersey (Território do Reino Unido)	ms	Montserrat (Território do Reino Unido)
jm	Jamaica	mt	Malta
jo	Jordânia	mu	Maurício
jp	Japão	mv	Maldivas
ke	Quênia	mw	Malauí
kg	Quirguistão	mx	México
kh	Camboja	my	Malásia
ki	Kiribati	mz	Moçambique
km	Ilhas Comores	na	Namíbia
kn	São Cristóvão e Névis	nc	Nova Caledônia (Território da França)
kp	Coréia do Norte		
kr	Coréia do Sul	ne	Níger
kw	Kuwait	nf	Ilha Norfolk (Território da Austrália)
ky	Ilhas Cayman (Território do Reino Unido)		
		ng	Nigéria
kz	Cazaquistão	ni	Nicarágua
la	Laos	nl	Holanda (Países Baixos)
lb	Líbano	no	Noruega
lc	Santa Lúcia	np	Nepal
li	Liechtenstein	nr	Nauru
lk	Sri Lanka	nu	Niue (Território da Nova Zelândia)
lr	Libéria		
ls	Lesoto	nz	Nova Zelândia
lt	Lituânia	om	Omã
lu	Luxemburgo	pa	Panamá
lv	Letônia	pe	Peru
ly	Líbia	pf	Polinésia Francesa
ma	Marrocos	pg	Papua-Nova Guiné

ph	Filipinas		tg	Togo
pk	Paquistão		th	Tailândia
pl	Polônia		tj	Tadjiquistão
pm	Saint-Pierre e Miquelon (Territórios da França)		tk	Ilhas Tokelau (Território da Nova Zelândia)
pn	Ilhas Pitcairn (Território do Reino Unido)		tm	Turcomenistão
pr	Porto Rico		tn	Tunísia
pt	Portugal		to	Tonga
pw	Palau (República de Belau)		tp	Timor (Indonésia)
py	Paraguai		tr	Turquia
qa	Qatar		tt	Trinidad e Tobago
re	Ilha Reunião (Território da França)		tv	Tuvalu
ro	Romênia		tw	Taiwan (Formosa)
ru	Federação Russa		tz	Tanzânia
rw	Ruanda		ua	Ucrânia
sa	Arábia Saudita		ug	Uganda
sb	Ilhas Salomão		uk	Reino Unido
sc	Ilhas Seicheles		um	Ilhas Menores dos Estados Unidos
sd	Sudão		us	Estados Unidos
se	Suécia		uy	Uruguai
sg	Cingapura		uz	Uzbequistão
sh	Santa Helena (Território do Reino Unido)		va	Vaticano
si	Eslovênia		vc	São Vicente e Grenadinas
sj	Jan Mayen e Svalbard (Territórios da Noruega)		ve	Venezuela
sk	Eslováquia		vg	Ilhas Virgens (Território do Reino Unido)
sl	Serra Leoa		vi	Ilhas Virgens (Território do Estados Unidos)
sm	San Marino		vn	Vietnã
sn	Senegal		vu	Vanuatu
so	Somália		wf	Ilhas Wallis e Futuna (Território da França)
sr	Suriname		ws	Samoa Ocidental
st	São Tomé e Príncipe		ye	Iêmen
sv	El Salvador		yt	Mayotte (Território da França)
sy	Síria		yu	Iugoslávia (Sérvia e Montenegro)
sz	Suazilândia		za	África do Sul
tc	Ilhas Turks e Caicos (Territórios do Reino Unido)		zm	Zâmbia
td	Chade		zw	Zimbábue
tf	Territórios Meridionais e Antárticos da França			